Paris–Basra. Ein Ingenieur im Orient.

Bodo Rudolf

Lieber Robin,

ich wünsche dir frohe Weihnachten und ein tolles Jahr 2014.

Ich hoffe, dass Buch gefällt dir.

Kuss Laura

BODO RUDOLF

Paris – Basra

Ein Ingenieur im Orient

STORIES & FRIENDS

MIX
Papier aus verantwortungsvollen Quellen
FSC® C106847
FSC
www.fsc.org

1. Auflage – 2011

Lehrensteinsfeld bei Heilbronn
Coverbild: © Anton Senkou-Melnik – Fotolia.com
Illustrationen: © Elena und Degenhard Langner
Layout & Satz: STORIES & FRIENDS Verlag
Druck und Bindung: Freiburger Graphische Betriebe, Freiburg
ISBN 978-3-942181-08-2
www.stories-and-friends.com

Für Claudia

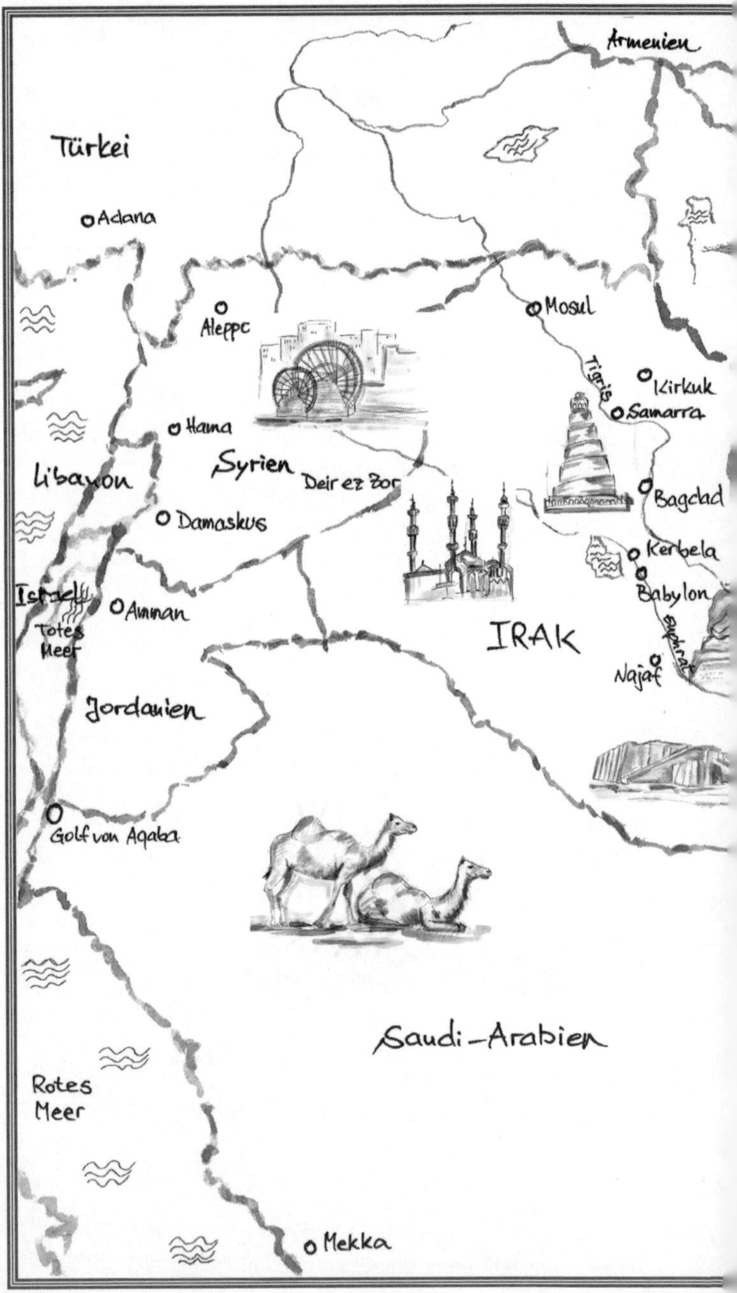

Armenien
Türkei
Adana
Aleppo
Mosul
Tigris
Kirkuk
Samarra
Hama
Syrien
Deir ez Zor
Libanon
Bagdad
Damaskus
Kerbela
Babylon
Israel
Amman
Totes Meer
IRAK
Euphrat
Najaf
Jordanien
Golf von Aqaba
Saudi-Arabien
Rotes Meer
Mekka

Kaspisches
Meer
Sari
Teheran
Qom
Isfahan
Iran
marah
Abadan
asra
Persepolis
Shiraz
Bushehr
Kuwait
Persischer/Arabischer Golf
Dammam
Dubai
Abu Dhabi
Golf von
Vereinigte
Arabische Emirate

Inhaltsverzeichnis

DIE ERSTE STORY

Die Welt steht offen – es zieht

Es ist gut leben in Paris.
Auch wir lebten gut in Paris.

Noch besser lebt es sich in Paris mit reichlich Geld. Während wir auf den baldigen Reichtum warteten, kam 1974 Nathalie auf die Welt und zu uns ins Studio, französisch euphemistisch für Einzimmerwohnung – es wurde eng zu dritt.

»Fünf Jahre im Studio sind genug«, befand die Claudia. »Etwas Bewegung würde dir nicht schaden!«, fuhr sie fort, »ich höre immer, dem Ingenieur steht die Welt offen!«

Das waren meine eigenen Worte, wer wollte da widersprechen?

Die Welt stand tatsächlich weit offen. Es zog uns hinaus in die Ferne, wir träumten von Palmen und blauen Lagunen. Madame liebte die Sonne und die Wärme und hasste den Regen. Und wenn es denn schon regnen sollte, dann bitte Sterntaler – sie legte schon mal das Hemdlein der Brüder Grimm bereit – aus allerfeinstem Linnen.

Die Firma machte mir ein Traumangebot: Basra!

»Basra?«

»Ja, eine Baustelle in Basra, aber es ist nur für eineinhalb Jahre«, sagte der Patron.

Wieso aber und wieso nur?

»Basra«, erklärte der Patron, »ist das Venedig des Nahen Ostens!«

Ich frage Sie: Hat man je Venedig besungen als das Basra der Adria?

Einen ersten Eindruck vom Leben auf einer Überseebaustelle hatte ich schon vor drei Jahren gewonnen, im wilden Nordwesten von Pakistan. Warum nicht Basra? Basra klang nach Karl May und Sindbad, dem Seefahrer. Wir informierten uns. Die unfehlbaren *Guides Bleus*, Jahrgang 1966, schrieben über das Klima im Irak:

»Südlich von Bagdad sind die Sommer unerträglich heiß … In Bagdad oder Basra werden des öfteren Temperaturen von über fünfzig Grad im Schatten gemessen.«

Die Auskunft über die Stadt Basra war kurz und bündig:

»Da die berühmten Baudenkmäler aus der Abbasidenzeit nicht mehr erhalten sind, kann Basra in kürzester Zeit besichtigt werden.«

Gott sei Dank, bei 50 Grad! Meine Frau las weiter: »Empfehlenswert ist ein Spaziergang durch die Palmenhaine … und wir sitzen hier in Paris herum!«, sagte sie und schloss den Führer. »Eine blaue Lagune wird sich auch noch finden!«

Ich unterschrieb den Vertrag – als Chef de famille! Das waren noch Zeiten!

»In der tausendundeinen Orientnacht machen wir ein Festle!« Das sagte meine Frau, während heißer Wind aus der Wüste durch die Insektengitter sirrte.

Es dämmerte und die Zikaden begannen zu lärmen. Wir rechneten, im Dunkeln und im Kopf, und siehe da: Die Nacht der Märchen hatten wir längst verschlafen, schon brach die tausendzweihundertste an.

Am Ende sind es viele Tausend Nächte unter dem halben Mond geworden: Sechs Jahre Frieden und Krieg im Irak, hernach verschlug es mich alleine nach Syrien, über vier Jahre schaufelten Claudia und ich – mithilfe des Töchterchens – Sand bei den vereinigten sieben Emiren, ebenso lange führten wir ein mullahfürchtiges Leben im Gottesstaat Iran und zwischendurch schauten wir den Affen auf Sumatra beim Klettern zu.

Nach mehr als 15 Jahren in Ländern des Propheten haben wir nun die Koffer ausgepackt, die Teppiche ausgerollt und den Tisch draufgestellt, auf dass sie nicht in ihre Heimat zurückfliegen. Am Ende der Reisen in den Morgenländern sind wir wieder daheim im Schwabenland und stellen fest, dass wir überall dort gelebt haben, wo wir nie hingewollt hatten. Meist ist es nicht warm gewesen, sondern brüllend heiß. Myriaden von Schweißtropfen sind uns über Brille und Nase gelaufen und im Sand versickert. An blauen Lagunen wurden keine Fabriken gebaut, immerhin haben wir gelegentlich unter Palmen gelegen. Süße Datteln sind uns in diesen kostbaren Mußestunden in den Mund gefallen, aber wenn es Sterntaler regnete, fehlte das feine Hemdlein aus Linnen – liegen gelassen in Paris. Wir sind gesund geblieben – alhamdulillah – und nie ernsthaft zu Schaden gekommen, auch haben uns die Rechtgläubigen immer gut behandelt. Sagen wir mal: meistens. Von den wenigen blanken Talern, die wir mit bloßen Händen auffangen konnten, kauften wir Hühnchen, Reis und Melonen.

»Und Bier!«, ergänzt meine Frau. Vom vergessenen Hemdlein spricht sie nicht! Und von dem, was übrig blieb an Dinaren, Dirham, Rupien und Rials, trugen wir den Großteil aufs örtliche Finanzamt. Nur in Abu Dhabi, da konnten wir keines finden – vielleicht war es aber auch nur gut hinter den Dünen versteckt.

Die Welt steht noch immer offen – spüren Sie, wie es zieht? Packen Sie doch auch die Koffer!

DIE ZWEITE STORY

Das Elefantenrennen

Vom Wirtschaftsmärchen am Golf und
einem Koffer voll Geld unter dem Bett.

In den Vereinigten Arabischen Emiraten, vordem britisches Protektorat am Bauch des persisch-arabischen Golfs, wurden Ende der Fünfzigerjahre scheinbar unerschöpfliche Ölvorkommen entdeckt. Das Öl der sieben Emire sprudelte in die Tankschiffe. 1973 drehten einige böse Quellenbesitzer – unter ihnen auch die Emirate – den Hahn für einen Augenblick zu und schon drohte den deutschen Autofahrern an vier autofreien Sonntagen der Verlust von Freiheit und Menschenwürde. Nach dem ersten Schock stieg der Spritpreis in den wolkenlosen Himmel.

Kurz zuvor, in den Sechzigerjahren, hatte Scheich Shakbut von Abu Dhabi die Einnahmen noch in einem Koffer unter seinem Bett verwahrt, bis ihn sein Bruder, Scheich Zayed, in Rente schickte, den Koffer unter dem

Bett hervorzog, das Vorhängeschloss aufbrach und die vielen britischen Pfund Sterling auf die Bank schleppte. Die Ölpumpen liefen und liefen und die Bankkonten legten noch viele Pfunde zu. Hatten noch die Urväter der sieben Emire das ehrbare Handwerk der Seeräuberei erlernt und am Straßenrand von Hormuz auf Beute gelauert – daher auch der Name Piratenküste –, hatten ihre Großväter noch in den warmen Golfwassern nach Perlen getaucht, bis ihnen wegen der Erfindung der Zuchtperlen die Luft ausging, so schwammen nun die Enkel im Geld wie Onkel Dagobert.

Die Abgasfackeln erleuchteten die orientalischen Nächte und dank der gleißenden Wunderlampen Aladins konnten sich die neuen Reichen alle Wünsche erfüllen. Für das viele *Fluus*, das viele Geld, kauften sich die Nachkommen der Piraten, Perlentaucher, Karawanenführer, Dattelfarmer, Nomaden und Händler all die schönen Dinge, die das Herz begehrte und die Ehefrau erfreute – und die zweite Ehefrau und die dritte –, und des Wünschens war kein Ende.

Weil aber nur mit Sand und Wasser nicht gut Paläste bauen ist, bestellten die Emire Zementfabriken für ihre Länder. So schwappte ein Großteil des Geldes wieder zurück nach Europa und Amerika, direkt in die Kontore der Maschinenbauer und Kesselschmieden. Silos, Tanks und Drehöfen wurden zum Golf verschifft. Die Schiffe brachten nicht nur komplette Kraftwerke und Destillationsanlagen – allenthalben wurde das Wasser knapp –, sondern auch Raffinerien und standesgemäße

Fahrzeuge aus dem Schwabenland für die Belebung der einsamen breiten Straßen.

Das im Lande verbliebene Geld lag derweil nicht faul in der Sonne, es machte sich nützlich. Geld ist ein sensibles Wesen, es buckelt nicht gerne in der staubigen Hitze der Baustellen. Es liebt das stille Wirken in den klimatisierten Räumen der Banken. Dort wird es beaufsichtigt von seinen luftig getrachteten Herren. In blütenweißen Gewändern und mit manikürten Händen ist nicht gut Eisenbiegen, Betonieren, Schrauben und Schweißen. Wer würde das nicht verstehen?

Da nun aber irgendjemand die Fabriken zusammenschrauben und der reichlich vorhandene Sand mit Zement und Wasser gemischt werden musste, schwärmten Agenten aus gen Osten und versprachen fleißigen Händen gute Löhne und das Blaue vom Himmel. Häufig blieb es dabei.

Kräftige Männer strömten an den Golf aus Ländern mit Händen im Überfluss. Aus dem muslimischen Pakistan, dem rechtgläubigen Bangladesh, aus Indien und von den katholischen Philippinen kamen die Wanderarbeiter und wurden in menschenunwürdige Unterkünfte gepfercht – nicht alle, aber doch die meisten. Auch palästinensische Techniker und jordanische Meister beteiligten sich am Aufbau der Wirtschaft. In den Büros saßen des Schreibens kundige Jemeniten, für Sicherheit sorgten muskulöse Herren aus dem Sudan, die Libanesen machten Geschäfte und aus den Industrieländern des Westens und Fernen Ostens reisten die Ingenieure und Monteure der Lieferfirmen an. Bald stellten die Arbeitsimmigranten 80 Prozent der Bevölkerung.

Einem zynischen Bonmot zufolge gab es in dieser Welt drei Klassen: Die erste Klasse hatte das Geld, die zweite Klasse verdiente das Geld und die dritte malochte. Das ist nicht schön für die Holzklasse, aber wer bin ich, dass ich die Welt schön rede? Wir haben über vier Jahre in Abu Dhabi gelebt, ich kann versichern, dass auch in der zweiten Klasse der Schweiß in Strömen floss.

Ähnlich wie in den Emiraten verlief das Wirtschaftswunder in den anderen Golfländern unter ihren Königen, Scheichs, Sultanen und Emiren. Der revolutionäre Irak am oberen Ende des Golfes hingegen, Ölland seit 1909, verstaatlichte 1972 die Ölindustrie. Nun bestimmte die allein regierende Partei der Arabischen Wiedergeburt, wohin das viele Geld floss. Mit brachialer Gewalt prügelte die Revolution das Agrarland zwischen den zwei Strömen in die Moderne. Saddam Hussein, lange schon der starke Mann im Hintergrund und seit 1979 an der Macht, trieb selbst die Frauen aus den Häusern und Hütten hinein in die Schulen und Universitäten. In den Ministerien saßen wir ihnen dann gegenüber, den jungen, ausgeschlafenen irakischen Ingenieurinnen. Wollten wir mit den aufgeweckten Damen verhandeln, mussten wir früh aufstehen. Wer von der übrigen Bevölkerung nicht lesen und schreiben konnte, musste die abendliche Schulbank drücken, bis er es beherrschte. Trotzdem bremste Personalnot an allen Ecken und

Enden den Aufbau des Landes. Ingenieure und Facharbeiter wachsen halt nicht auf Palmen. Also rief auch der Irak nach Arbeitskräften aus fernen Ländern, selbst aus China strömten sie mit ihren Strohhüten herein.

Ab Mitte der Siebzigerjahre war der irakische Überseehafen von Basra hoffnungslos überlastet, die Frachtschiffe stauten sich über Wochen auf dem Unterlauf des Schatt al Arab, der Wasserstraße von Basra zum Golf. Wann immer es die schiffseigenen Ladebäume erlaubten, entluden die Kapitäne ihre Fracht längsseits auf Kähne, die flussaufwärts geschleppt wurden. Neu eintreffende Schiffe lagen Schlange vor der Mündung des Schatt, als hätten sie die Pest an Bord. Aber es war nicht die Pest, sondern der Rost, der in der feuchten und salzigen Luft Löcher in die dringend erwarteten Stahlträger, Armierungseisen und Rohre fraß. Die Fundamente an Land blieben leer, die Moniereisen ragten nackt in die Luft, die Bautermine verfielen, Vertragsstrafen wurden fällig.

Also rannten die Spediteure Europas zu den Bahnhöfen! Wo hängt der Fahrplan? Wann geht der nächste Zug nach Basra? Die einzige Bahnstrecke durch Anatolien – die Bagdadbahn, immer mit dem Attribut *die legendäre* – erreichte schnell die Grenzen ihrer Kapazität. Die Güterwagen stauten zurück bis zum Bahnhof Haidarpascha am Bosporus.

So blieb für das Gros der Transporte nur noch die Straße.

Und jetzt machen wir mal eine Rechnung auf: Wenn

in einem Fabrikle, sagen wir einer Papierfabrik – wir kommen noch drauf –, so an die 12000 Tonnen Material, Walzen, Pumpen und Rohrleitungen miteinander verschraubt werden müssen, bis sich alles dreht, und auf einen Lastwagen je nach Art der Ladung zehn Tonnen geladen werden können, dann sind das schon 1200 Fuhren. Nehmen wir weiter an, das Material muss binnen sechs Monaten vor Ort sein, dann fahren bereits 200 Lkws pro Monat den langen Weg in die Wüste. Und haben sie sich ihrer Fracht entledigt, wollen die Fahrer ganz schnell wieder nach Hause. Nun schossen aber in diesen Jahren Hunderte, was sag ich, Tausende größerer und kleinerer Fabriken aus dem Sand. Die Spediteure entfesselten ein Elefantenrennen unvorstellbaren Ausmaßes, weder Straßen, noch Hotels, noch Zollstationen waren dem Sturm gen Süden und Südosten gewachsen. Schon gar nicht die Kommunikationsmittel! Noch ratterten ja die Lochstreifen aus den Telexmaschinen, Telegramme wurden zugestellt, Ferngespräche angemeldet, das Fax harrte noch seiner Erfindung, Handy war ein englisches Wort für kommod und ohne Email brannte der Erbseintopf an. Lkw-Fahrer erzählten, über der Hohen Pforte zum Orient hänge ein großes Plakat. Darauf stehe:

Auf dich haben wir hier gerade noch gewartet!

Nota bene: Falls Sie in Richtung Südosten reisen wollen, beachten Sie bitte vor der Abfahrt folgende klärenden Hinweise:

Der Nahe Osten ist nicht der englische Near East, der Middle East ist nicht der Mittlere Osten, ebenso wenig wie der Greater Middle East. Dann haben wir noch Kleinasien und den Vorderen Orient, Vorderasien, auch Westasien und Südwestasien, sowie den Orient als solchen, also das Morgenland, von wo die Weisen kommen, was nicht schaden kann.

Im Nahen Osten liegt die Levante. Levante meint Sonnenaufgang. Die Levante ist aber nicht das Land der aufgehenden Sonne, das schon gar nicht. Die Araber sind Muslime, die Iraner sind keine Araber.

Zum Maghreb kommen wir später, vielleicht aber kommt der Maghreb auch zu uns. Den Maghreb darf man nicht verwechseln mit Maghrebinien, was nahe läge.

DIE DRITTE STORY

Kegelausflug nach Basra

Die Story von den sieben Keglern
und dem Lachverbot.

Auf der Reise von Paris nach Basra führte kein Weg an Konstanz vorbei. Mit Sack und Pack zog die Familie, seit Kurzem selbdritt, zunächst an den Bodensee. Hier war das Planungsbüro meines Schweizer Arbeitgebers. Er hatte den Auftrag erhalten, nahe Basra eine Papierfabrik zu bauen. Sie wissen doch: ohne Papier keine Schule, keine Zollformulare, kein Fortschritt!

Viele Hundert Monteure würden 12000 Tonnen zusammenschrauben, mussten von ihren Unterkünften zur Arbeit gebracht werden und dazu brauchte es eine Flotte von Pkws und Bussen, große und kleine.

Wir fingen mit den kleinen an. Fünf Busse, Marke Hanomag – längst vergessen –, und ein Pkw fürs Büropersonal sollten für die ersten Wochen reichen. Sie standen schon aufgereiht auf dem Parkplatz. Die Busse gelb, Tachostand von 30 Kilometern, und ein neuer Mercedes. Daneben mein Neuer: 120000 Kilometer. Den altersschwachen Käfer hatten wir in Paris gelassen – für 50 Francs, wegen des vollen Tanks – und zu Hause ein ordentliches Auto gekauft, schließlich mussten nun ein Kindersitz in den Fond und der Sportwagen von der Nathalie in den Kofferraum. Es war ein Daimler 220 S, der mit den Heckflossen, und ich spreche jetzt nicht vom Sportwagen. Wer je hinter dem edelhölzernen Armaturenbrett gesessen hat, wer je in die gepolsterten Sessel gesunken ist, weiß: In dieser herrschaftlichen Limousine fuhr man nicht – man reiste! Fast zwölf Jahre war er alt, Baujahr 1963.

Der Chef lief um ihn herum. »Genau der Richtige, den repariert jeder irakische Mechaniker mit Hammer, Meißel und Rohrzange, Ersatzteile gibt's an jeder Palme!«

»An einem Daimler geht nichts kaputt!«, sagte ich.

»Inschallah! Abfahrt in 14 Tagen, spätestens!« Man sah es ihm an, er wäre gern selbst gefahren. Mit dem Auto an den Persischen Golf – das war doch was.

Inschallah heißt übrigens so Gott will! Und hat Gott gewollt, sagt man ihm Dank – alhamdulillah.

Somit war ich zum Karawanenführer ernannt, auf die Baustelle musste ich ja sowieso, freilich zunächst ohne Familie.

Fahrzeuge überführen in den Nahen Osten, nach Teheran, nach Kuwait, Bagdad oder auf die arabische Halbinsel war seinerzeit der begehrteste aller Studentenjobs.

Zweimal konnte man den Knochentrip in den Semesterferien machen, da war viel Geld zu verdienen. Doch es war Januar, keine langen Ferien in Sicht, die Studenten studierten! Eine Meldung erschien daher an den Schwarzen Brettern der Firma.

Dringend gesucht: Sechs Fahrer zur Überführung von Kleinbussen auf unsere Firmenbaustelle in Basra/Irak. Bitte melden unter Telefon …

Darunter die oft kolportierte Stellenanzeige von Ernest Shackleton. Sie erinnern sich? Shackleton, der Held der *Endurance*, der 1914 als Erster die Antarktis durchqueren wollte und mit folgendem Text Personal rekrutiert haben soll:

MEN WANTED: For hazardous journey, small wages, bitter cold, long months of complete darkness, constant danger, safe return doubtful. Honour and recognition in case of success. Sir Ernest Shackleton.

Wir würden allerdings keine small wages bezahlen, sondern nur Gottes Lohn. Wer mitfahren wollte, sollte dies aus Freude an der Sache tun.

Eine Nachricht über Champagnerausschank in der Kantine hätte sich nicht schneller verbreitet. Es meldeten sich keine 5000 Männer wie bei Shackleton, aber ein Dutzend Karawanen hätten wir leicht ausrichten können – ganze Bürofluchten wären verwaist gewesen.

Reiselustige füllten schon mal Ferienanträge aus, ließen ihre Beziehungen spielen, bei der Abfahrt würden wir sicher zahllose Schwerbeleidigte hinterlassen. Aber wir brauchten nur sechs Mann, standen unter Druck und konnten keine zeitraubenden Gespräche führen, denn die ersten Monteure sollten bereits im März in Basra einfliegen, Lagerhallen einrichten und Stützen aufstellen.

Unser Bürokaufmann hatte den rettenden Einfall! Er habe eine qualifizierte Truppe zur Hand: »Meine Kegelbrüder – das sind rechte Kerle!« Zwei der Herren seien Automechaniker, einer Busfahrer, der vierte ein Kneipenwirt mit Führerschein aller Klassen, im Nebenberuf Bodenseefischer, Nummer fünf Ingenieur, Nummer sechs war er selber! Die Kombination überzeugte – sechse auf einen Streich!

Kühsteig, der Busfahrer, erhielt bei der Verlosung den Wagen mit dem Kennzeichen KN EK 13. »Ich bin nicht abergläubisch«, versicherte er glaubhaft. Wir beantragten die Visa und die Carnet de Passage für die Fahrzeuge. Ersatzfahrer Erwin wurde engagiert, der achte Mann für den Fall der Fälle, mit allen Papieren ausgestattet. Er setzte sich zu Hause auf die Reservebank.

Wir rüsteten das Expeditionskorps aus: Schaufeln, Lampen, Gaskocher, Geschirr, Schlafsäcke, Seile, Werkzeugkisten. Shackleton ist sicher mit der Hälfte losgesegelt, scheiterte aber, wie bekannt. Ich gebe zu, auf die sieben Paar Schneeketten hätten wir – unter Umständen – verzichten können.

Einer hatte gedient, hatte Beziehungen, besorgte ausgemusterte NATO-Verpflegungspakete mit Erbseintopf, Gulasch, Pumpernickel in Dosen. Wer wusste schon, ob es im Ausland überhaupt etwas zu essen geben würde. Weiters enthielten die Militärschachteln Marmelade, Tee und Brot – letzteres von Reservisten auch Panzerplatten oder Sperrholz genannt – und einen Büchsenöffner. Korkenzieher mussten wir extra zukaufen.

Erwin und ich wurden ehrenhalber in den Kegelklub aufgenommen. Zweimal trafen wir uns noch, um die Route zu besprechen. Möchten Sie mit dem Finger auf der Landkarte mitfahren?

Konstanz, Meersburg, München, Rosenheim – Grenze. Leoben, Klagenfurt – Grenze. Ljubljana, Zagreb, Belgrad, Niš – Grenze. Sofia – wieder eine Grenze. Hinter dem türkischen Zoll liegt Edirne, nun überqueren Sie mit dem Finger Istanbul – Vorsicht bitte –, kommen nach Ankara und haben glücklich die Hälfte des Wegs nach Basra geschafft. Dann Konya, Silifke, Adana, Iskenderun – Grenze nach Syrien. Aleppo, Deir ez Zor, Abu Kamal – irakische Grenze. Bagdad, Kut und endlich Basra – inschallah! Gesamtstrecke 5500 Kilometer. Das nehmen Sie jetzt mal sieben.

Am Tage vor der Abfahrt hatten unsere Speditionsfachleute – Schwaben eben! – noch den Einfall, den ungenutzten Stauraum in den Bussen mit allerlei Büromaterial und Schreibmaschinen für das Baubüro zu füllen, und es gab viel leeren Raum in den Bussen. Das war eine Bieridee, wie sich bald erweisen sollte!

Am nächsten Morgen spielte sich auf dem Parkplatz vor unserer Wohnung ein Ehedrama ab. Im Kofferraum hinter der Nähmaschine und Nathalies Sportwagen war noch ein Plätzchen frei für ein zweites Reserverad.

»Das Waschpulver muss noch mit!«

»Das zweite Reserverad kommt mit!«

»Nein, das Waschpulver kommt mit!«

»Nur über meine Leiche – das Reserverad kommt mit!«

Nachdem ich das Reserverad wieder in der Garage verstaut hatte, nahmen wir Abschied. Frau und Tochter würden in zwei Monaten folgen.

Es war ein kalter Tag im Februar 1975. Ein Häuflein Unentwegter stand vor dem Büro, uns Abenteurer zu verabschieden – schließlich war Samstag. Ich traf als Letzter ein. Ein Pfeifen hub an unter der Motorhaube. Wasserpumpe, klare Diagnose, wozu hatten wir zwei Mechaniker. Einer brauste mit meinem Wagen in seine Werkstatt und nach einer Stunde war das schadhafte Teil ersetzt. Nun konnte überhaupt nichts mehr schiefgehen!

Antreten der Fahrer, Gruppenfoto, blitzblank rasierte Gesichter – »Ob wir die je wiedersehen?« – und blitzblanke, unverbeulte Fahrzeuge. Letzte Instruktion, zum hundertsten Mal: »Falls wir uns verlieren, Treffpunkt ist der Rathausplatz des nächsten Etappenziels.«

Die Korken knallten und dann die Türen!

Ich voraus, die Busse hinterher – KN EK 10, 11, 12, 13 und 14 –, der Wagen fürs Büro bildete die Nachhut.

Hinter Konstanz schifften wir uns nach Meersburg ein. Auf der Fähre schrieben wir eine Ansichtskarte ans Büro:

Erste Nachricht an unsere Lieben:
Wir sind noch wohlauf, alle sieben.
Doch schon melden sich Durst
und Gelüste auf Wurst.
Ach, wär'n wir bei Mama geblieben!

Wieder an Land nahmen wir die Straße nach Bagdad … über Ittendorf, Wirrensegel, Steibensteig, Dürnast, Altböse … Wenn Sie einverstanden sind, machen wir hier einen Sprung nach Rosenheim und suchen ein Hotel für sieben Mann. Die erste Übernachtung.

Am nächsten Morgen an der österreichischen Grenze gönnten wir uns ein bayerisches Gabelfrühstück, solange bis Viktor – der mit der Nummer 14 – erschien. Er hatte seinen Pass im Nachttischschublädle des Rosenheimer Hotels vergessen.

Nach der Grenzkontrolle löste sich die Kolonne auf. Die einen wollten die Vorausgefahrenen einholen, die anderen warteten auf die Zurückgebliebenen; vor

Klagenfurt waren wir wieder beieinander. Eine Kolonnenfahrt ist so eine Sache, wenn der Vorderste 60 km/h fährt, muss der Letzte bisweilen über 100 Sachen fahren, will er nicht den Anschluss verlieren.

Zollkontrolle an der Grenze nach Jugoslawien, ja!, das Land gab es damals noch.

»Was haben wir denn da? Büromaschinen, Nähmaschine, Schreibmaschinen, wie viele denn? Sind Sie Büromaschinenhändler? Und wozu der Kinderwagen?«, fragte der Grenzbeamte.

20000 DM sollten wir als Garantie hinterlegen. Soviel hatte ich nicht in meiner Expeditionskasse. Wir fanden einen hilfsbereiten Spediteur, der uns die Zollpapiere ausstellte, holten zu Hause einen entscheidungsfreudigen Kollegen aus dem Bett und ans Telefon, der arrangierte wiederum die Garantie für den freundlichen Transpörtler, wie die Schweizer sagen.

Weit nach Mitternacht trafen wir endlich in Ljubljana ein.

Ja, und nach wenigen Stunden Schlaf befanden wir uns am Anfang eines nicht enden wollenden, stinkenden, dröhnenden Lindwurms in Richtung Süden, genau genommen jedoch am Schwanz. Hinter Ljubljana fing der Autoput an. Das ist keine Kindersprache, sondern serbokroatisch für die sich hochstapelnd Autobahn nennende Landstraße. Alles, was nicht über Italien und die Fähre in Brindisi oder Bari in den Nahen Osten reiste, alles, was zwei, vier oder mehr Räder hatte, musste über diese eine Straße. Überladene Lastwagen, Lkw-Motorwagen ohne Auflieger, Autokräne, Pkws aller Marken rollten, was das Zeug hielt. Oft hielt das Zeug aber nicht und lag qualmend am Straßenrand – Auto putt. Pardon! Über diesen Kalauer mögen schon Generationen von Orientfahrern gelacht haben oder geweint, je nachdem halt!

»Augen auf und durch«, titelte *DIE ZEIT* noch im Juli 2004. Der Autoput »galt als die gefährlichste Straße Europas«, schrieb sie über die alten Zeiten.

Wir sieben wurden blindlings überholt, 16 Meter lange Tieflader bliesen uns mit ihren Schiffssirenen an den Straßenrand, zwängten sich in unsere langsame Kolonne. Wir müssen ein ärgerliches Hindernis gewesen sein, aber wir wollten heil und mit intakten Fahrzeugen ankommen.

In Bus Nummer 12, beim Fischerwirt, baumelte ein schwarzes Maskottchen am Rückspiegel. Der Wirt, ein g'standenes Mannsbild – abergläubisch? Wenn's hilft!

Es half nicht.

Hinter Niš an der bulgarischen Grenze stolperte Kühsteig aus der Nummer 13, verrenkte sich den rechten Knöchel, der schwoll an und ein Sanitäter tat sein Bestes. Gas geben konnte er noch, bremsen eher nicht, laufen gar nicht.

»Halt durch bis Istanbul!«, beschworen wir ihn.

Aufruf von Sofia an die Reservebank: Treffen Istanbul, Flughafenhotel in Yeşilköy.

Dort saß er dann auch an der Bar, der Erwin, mühsam seine Freude hinter einem Glas Bier verbergend. Eigentlich wollten wir ihn stehenden Fußes einwechseln, sprich weiterfahren, mitsamt dem KN EK 13, gottlob blieben wir ein Weilchen, ließen ihn sein Bier austrinken, bestellten derweil auch eins.

Warum gottlob, fragen Sie? Uns fiel gerade noch rechtzeitig ein, dass die türkischen Zöllner bei der Einreise in Edirne die Fahrzeuge in die Pässe gestempelt hatten. Ein Stempel und in der Mitte das Kfz-Kennzeichen. So sollte Autoschmuggel unterbunden werden!

Wir tranken noch ein Bier. Hätten wir den Ärmsten mit seinem geschwollenen Knöchel in die Abflughalle geschoben und wären gleich weitergefahren, der Kühsteig säße noch heute am Goldenen Horn wegen Schwarzhandels mit Hanomag-Bussen. Und niemals hätten wir seinen Bus außer Landes gebracht.

Was tun?

»Kühsteig und Erwin machen einen Ausflug nach Griechenland, wechseln die Plätze und drehen wieder um«, schlug der Bürokaufmann vor und hatte damit schon den zweiten rettenden Einfall.

Wer führe nicht gern nach Griechenland?! Abends waren sie wieder da und der arme Kühsteig im Flieger. Wir tauften den Dreizehner Bus auf den Namen *Hellas Express* und tranken noch eins.

Bei der Niederschrift dieser Story habe ich meine Erinnerungen überprüfen wollen, habe endlos in muffigen alten Pässen geblättert, einige sind Doppelpässe, mit schwarz-rot-goldener Kordel und amtlichem Siegel untrennbar verbunden, eine Chronologie ist nicht erkennbar. Die Araber stempelten von hinten nach vorne, unlesbare Stempel in allen Ecken, selbst auf der Innenseite des Umschlages, aber ich habe meinen Wagen gefunden: *Mersedes, RV N 293.* Drunter ein runder blauer Stempel, Datum 25. Februar 1975, drüber ein zweiter roter vom 4. März 1975, Einreise und Ausreise.

Wie wir mit sieben Fahrzeugen unbeschadet an Leib, Seele und Blech durch den Istanbuler Straßenverkehr kamen, weiß ich nicht mehr. Nach der Europabrücke beginnt Asien und der Verkehr franste aus. Entspannt überquerten wir die anatolische Hochebene und das Taurusgebirge, Schnee säumte den Pass, noch war Winter. Schier gar hätten wir die Ketten gebraucht, doch eine Stunde später blühten die Mandelbäume und drunten am Meer kauften wir frisch geerntete Orangen.

Das Maskottchen am Rückspiegel im Fischerbus verschwand allabendlich, tauchte jedoch morgens kurz nach Abfahrt wieder auf.

Auf Fotografien ist das Meer zu sehen, die verstaubten Busse in Reih und Glied am Strand. Der Fischermeister steht auf der Klippe, angelt mit meiner Angelrute. Nicht auf dem Foto sind einheimische Jungs. Sie fischten mit Handgranaten, der Meister drohte mit der Rute und sie fiel ins Meer – der größte materielle Schaden der ganzen Unternehmung!

Eine andere Aufnahme zeigt uns sieben in einer rebenüberwucherten Strandlaube. *Antalya, März 1975* steht auf der Rückseite. Der türkische Laubenkoch muss uns fotografiert haben.

Dolmas gab's, gefüllte Weinblätter, Paprikaschoten, Zwiebeln, Peperoni, alles mit allem Erdenklichen gefüllt: Oliven, Zucchini, Auberginen. Dazu Joghurt. Es folgten der gebratene Fisch und zum Nachtisch mit Honig übergossene Zuckerbäckereien. Was kostet die Welt?, scheinen wir zu fragen, Essen und Wein kosteten auf jeden Fall weniger. Weiterfahren wollte keiner nach dem Verdauungsraki, gedurft hätten wir schon gar nicht. Wozu hatten wir geräumige Busse?

Hinter Iskenderun quälten wir uns auf Serpentinen die Berge hoch und erreichten schließlich die syrische Grenze.

Die Stimmung unter den Keglern war zu allen Zeiten der eines ordentlichen Kegelausfluges angemessen. Schon beim Übertritt von Jugoslawien nach Bulgarien war unsere Reisegesellschaft durch ungebührliche Heiterkeit aufgefallen, es klang bisweilen wie *alle neune*!

»Bodo, versteck die Klappmesser, wir sind auf dem Balkan, im Land der Skipetaren!«

Geografie sechs! Mit solchen Leuten fährt man durch die Schluchten des Balkans!

Die Zöllner des bulgarischen Regimes, an fügsame Haltung reisenden Volkes gewohnt, verstanden nichts, also miss, fühlten sich auf den Arm genommen. Die südländische Heiterkeit war ganz aufseiten der Kegler aus dem Norden.

»How are you, Mister?«

»Alles klar, Mister?«

So nähert man sich keinem bulgarischen Beamten im Dienst! Freundlichkeit auf Augenhöhe war nicht ihre Sache.

Auch die osmanischen Zöllner regten sich über den Mangel an Respekt auf, ich musste größere Dosen Beruhigungsmittel verabreichen, sieben silberne Kugelschreiber wechselten den Besitzer und beschleunigten das Ausfüllen und Abstempeln der sieben mal sieben Formulare. Trotz finsterer amtlicher Mienen blieb es jedoch bei einem flüchtigen Blick in die Kofferräume.

Nun also die syrische Grenze, später Nachmittag. Ich packte wieder alle Pässe und Carnets zusammen – inzwischen Routine – und näherte mich dem Schalter. Nicht in gebückter Haltung, nicht auf den Knien, das schon nicht, aber doch mit gesenktem Blick. Was tut man nicht alles für die Sache, die gute.

»Salam!«

Aus dem Hintergrund: »Salam aleikum, wenn se vorbeikomm, könn se mal reinkomm!«

Sechsfaches Gelächter. Das reichte!

»Ausladen, alles, alle Fahrzeuge!« Der syrische Zoll grollte und verzollte.

Die Dunkelheit brach herein, ich kramte nach Taschenlampen, half beim Ausleuchten der Busse. Die Taschenlampen wechselten den Besitzer. Die Nähmaschine wurde in meinen Pass eingetragen, mit Seriennummer, auf dass ich sie nicht in Syrien verkaufte, was ich mich schon wegen meiner Frau nie getraut hätte, aber das konnte ja niemand wissen. Schweizer Militärmesser wechselten vom ungedienten Zivilisten in angemessene Offiziersränge. Nach Stunden durften wir wieder einpacken. Der Fundus an roten Messern aller militärischen Dienstgrade, silbernen Kugelschreibern, Taschenlampen und Schlüsselanhängern in meinem sogenannten heiligen Koffer schmolz bedenklich. Dabei haben Buskolonnen kontrollierende Verkehrspolizisten oft dringenden Bedarf an Kombiwerkzeugen und den Managern ausgebuchter Hotels hilft so eine Taschenlampe bei der Suche nach freien Dachkämmerlein. Angesichts des drohenden Mangels an modernen Glasperlen erteilte ich für die letzte Grenze, die Einreise in den Irak, ein radikales Lachverbot.

»Und Ruhe, bitte!«

»Und kein Wort!«

»Und immer salam!« Das heißt Grüß Gott!

»Und immer shukran!« Das heißt danke!

»Devote Haltung und … Ruhe!«

Mit salam und shukran, inschallah und alhamdulillah kommt man ganz schön weit in Arabien.

Endlich Aleppo, die Stadt mit den zwölf Kilometern Basar. Übernachtung im berühmten Hotel Baron, an der Bar Aussetzung des Lachverbotes, Gin Tonic im Gedenken an Agatha Christie. Ich erwähne jetzt nicht, dass sie in den Zwanzigerjahren Stammgast war – ihr Zimmer ist hoch begehrt – und dass Franklin D. Roosevelt und illustre Monarchen hier abgestiegen waren. Ein Hotel für k.u.k.u.k.-Gäste also, für Kaiser und Könige und Kegler.

Frühmorgens umkreisten wir viermal die berühmte Zitadelle, nicht zum Gedenken an Lawrence von Arabien und nicht aus rituellen Gründen, ich fand die rechte Ausfahrt nach Abu Kamal nicht! Bis sich ein freundlicher Syrer unser erbarmte und uns den Weg zur Schotterpiste entlang des Euphrats zeigte. Die Karte von freytag & berndt gab uns folgenden Hinweis:

> *»Vor Antritt jeder Fahrt in Wüstengebiete ist es notwendig, sich über die Benutzbarkeit der Pisten, Wasserstellen und Brunnen zu informieren.«*

Wir hatten Wasser, Säfte und vor allem türkische Weine an Bord, auch die unangetasteten strategischen NATO-Schachteln.

In den Dörfern wurden alle Sinne gefordert, die Wohlgerüche des Morgenlandes erfüllten die Luft, bisweilen auch nur einfache Gerüche, und mancherorts roch es auch ein wenig streng, mit Verlaub.

Vergeblich suchten wir nach einem Hotel – Hotels seien maku. Maku heißt keins – ham wa nich! –, maku ist das Gegenteil von aku. Keins und eins liegen nicht nur im Arabischen nahe beieinander! Weil maku, fuhren wir von der Piste ab und bildeten eine Wagenburg in der Wüste – go east young man –, machten ein Feuerchen, öffneten einige Flaschen vom türkischen Dunkelroten.

Bei Abu Kamal erreichten wir die irakische Grenze, Abu Kamal, der Vater des Kamal. Das Lachverbot wurde erneuert. »Respekt vor dem Abu, bitte!«

Wir Kegelbrüder wurden mit großem Hallo empfangen und ebenso freundlich abgefertigt. Was heißt abgefertigt? Der Zollvorsteher bat uns in sein Büro, die sieben Gäste aus Almaanya nahmen im Kreisrund Platz. Dienstbare Geister servierten einen Tschai nach dem anderen – willkommen im Irak. Auf den Gesichtern lasen wir:

Auf Euch haben wir hier gewartet!

Niedere Chargen kümmerten sich um unsere Papiere. Apropos Papier, ja, die Busse seien für eine neue Papierfabrik in Basra. »Germany very good«, die Deutschen sind unsere Freunde, auch die Schweizer, freilich. Wir konterten mit den bekannten sechs Worten Arabisch, es wurde viel gelacht, beim Abschied von Freunden noch ein Glas süßen Tschai – »Gute Fahrt!«

»Lachverbot! Dass ich nicht lache!«

Meine Autorität war dahin.

Nach zwei weiteren Tagen – insgesamt brauchten wir 15 – trafen wir gesund und äußerst munter auf der Baustelle ein und reihten die Busse vor dem Baubüro auf: KN EK 10, 11, 12, 13 und 14, der neue Mercedes und der alte – ohne Kratzer, ohne Beulen.

Dann knallten letztmals die Türen und dann die Korken!

Die sechs Brüder studierten den weitestmöglichen Heimweg mit höchstmöglichem Unterhaltungswert, fuhren mit dem Taxi nach Kuwait und flogen von dort nach Kairo. In Ägypten herrsche sicher auch kein völlig überflüssiges, hysterisches Lachverbot!

Falls Sie mal in Gizeh sind, im Hotel mit den Möwen, dann fragen Sie doch mal an der Bar nach dem Bodensee. Ein Leuchten wird über Abdullahs Gesicht gehen, und wenn er Sie mag, stimmt er das Lied an, das der Kegelklub allabendlich während der Happy Hour unter der Pyramide gesungen hat: *Die Fischerin vom Bodensee, ist eine schöne Maid, juchhe …*

Einer blieb in Basra, leerte das Bierglas und fing mit der Arbeit an. Erst viele Jahre später wird er abends im Wohnzimmer sitzen und den Super-8-Film vom Kegelausflug schauen, den er aus dem fahrenden Auto gedreht hatte. Die Sonne bricht sich in den Schlieren der Windschutzscheibe. Auf der Leinwand sind schwankende Bilder und fünf Busse zu sehen, die gelbe Farbe und das Firmenlogo unter dem Dreck nur noch zu ahnen. Die Burschen lachen. Sie sind unrasiert, aber das erkennt man bei der schlechten Qualität nicht. Sie lehnen sich aus den Seitenfenstern, mittendrin unverkennbar der Wirt mit dem Maskottchen in der Hand.

Übrigens, der Schleier des Geheimnisses wurde noch unterwegs gelüftet.

»Maskottchen?« Der Wirt lachte. »Räucherschinken, schwäbischer, Vorrat bis Bagdad«, erklärte er. Das Klappmesser lag auf dem Armaturenbrett.

Zum Abschluss noch eine Bitte an Weltreisende:

Kaum vier Monate später fuhren die fünf Busse schon überfüllt und in Doppelschicht, einer der geplanten Großbusse musste her. Unserem Fischer und Wirt hatte der Kegelausflug solche Freude bereitet, dass er sich wieder auf die Strecke machte: in einem ausrangierten Stadtbus der Stuttgarter Verkehrsbetriebe. 70 Fahrgäste stehend. Nicht mit dem Wagenführer sprechen. Als Inhaber aller Führerscheine und erprobter Orientfahrer übernahm er alleine das Steuer.

Nach zwei Wochen stand er vor dem Baubüro, durstig. Er hatte die Ostroute durch Kleinasien genommen und so Syrien umfahren.

In einem Dorf in Ostanatolien habe er sich auf einem Bergpfad verfranzt und das Ungetüm stundenlang nirgendwo wenden können. »50 Kilometer bin ich im Rückwärtsgang die Serpentinen hinuntergekurvt!«, erzählte er den gläubig lauschenden Monteuren, »im Schritttempo rückwärts, ein Albtraum!«

Ich wollte ihn, wo ich nun die wahre Geschichte

niederschrieb – und nichts als die Wahrheit – fragen, ob es nicht doch tausendundein Kilometer waren oder ob er sich vielleicht von den 50 Kilometern 49 abhandeln ließe. Ich konnte ihn am Bodensee nicht finden. Wettergegerbte Fischer erzählten mir, der ehemalige Kollege betreibe ein Fischlokal in Thailand.

Also: Wann immer Sie nach Phuket kommen und im Straßenverkehr einen ehemals jungen Mann sehen, der einen Räucherschinken am Rückspiegel hängen hat, das ist er – fragen Sie ihn bitte.

DIE VIERTE STORY

Tingels Traum

Hermann von Arabien träumt von der Copacabana und tröstet sich mit einer Holzente.

Zum ersten Mal trafen wir den Hermann Tingel im Irak, Mitte der Siebziger. Der Hermann war Richtmeister bei einem alteingesessenen Kraftwerksbauer im Ruhrgebiet, die Dampfkessel der Firma standen auf der ganzen Welt.

Richtmeister klingt wie Rittmeister, zu Kaisers Zeiten ein Hauptmann der Kavallerie und Kommandeur von bis zu 200 Soldaten, und so groß ist der Unterschied nicht. Ein Richtmeister ist ein Meister der Montage und Meister Tingel hatte eine ganze Kesselbaustelle unter sich. Eigentlich eher über sich, denn ein Kesselhaus wächst ja von unten nach oben, bis auf eine Höhe von 50 Metern oder mehr, und da klettern schon mal um die 150 Männer herum.

Richtmeister haben was Rechtes gelernt, wie wir

Schwaben sagen, oft Maschinenschlosser, sie kennen jeden Trick, lassen sich nichts vormachen, sind gewohnt, Anordnungen zu erteilen und erwarten, dass diese auch befolgt werden. Solche fragen nicht nach dem Feierabend, sondern nur, warum die Arbeit noch nicht gemacht ist. Auf den Baustellen in Übersee läuft nichts ohne sie, im Zweifelsfall müssen sie ganz alleine wichtige Entscheidungen treffen, lassen sich nur ungern etwas sagen. Die heimische Firmenhierarchie ist ihnen ein Gräuel. Einmal Chief – immer Chief und nie wieder Indianer. Also achtet man darauf, dass solch potenziell aufrührerischen Elemente möglichst durchgehend auf Montage bleiben und zwischen den Einsätzen und beim unvermeidlichen Heimaturlaub nur mal ganz kurz ihre Nase in die Werkshallen stecken. Dort dürfen sie die sesshaften Kollegen mit ein paar Heldensagen beeindrucken, dann erhalten sie ihr Flugticket, den Pass mit dem neuen Visumstempel und alle guten Wünsche begleiten sie. So einer war der Tingel, als wir ihn kennenlernten, von altem Schrot und Korn.

In jungen Jahren, sagen wir mit 25, durfte er zum ersten Mal mit auf Montage. Zunächst blieb er im Lande, dann ging er als zweiter Mann nach Holland, in die Sowjetunion, auch nach Jugoslawien und Bulgarien. Die ersten Jahre auf den Baustellen hatten sich bereits segensreich auf sein Bankkonto ausgewirkt. So zögerte der Hermann keinen Augenblick, als der Ölboom im Nahen Osten ausbrach und die Firma ihn – nun als Chief – auf die Ölfelder in den Norden des Irak schicken wollte – auf ging's zu den ewigen Feuern von Kirkuk. Gas tritt dort aus der Erde, vor Urzeiten mag es sich durch Blitzschlag entzündet haben und seitdem erleuchten die Flammen die Nacht.

In den Raffinerien und den Destillationskolonnen braucht es viel Dampf. Tingel machte Dampf und nach 18 Monaten harter Arbeit konnte er über Bagdad wieder nach Hause reisen. Auftrag erfüllt!

»Da ist ja unser Hadschi Halef Omar! Gut gemacht!«, begrüßte ihn der Chef im Montagebüro. »Wie war's im wilden Kurdistan?«

»Wild, Chef, wild, aber wenn schon, dann bitte Kara Ben Nemsi!«

Dann erzählte der Tingel dem Chef von Hitze und Staub, von den Kurden und den vertrackten Arabern, und ob er vielleicht einen Wunsch äußern dürfe. »Eine Baustelle in Südamerika, nur eine, das wär's, das ist mein Traum.«

»Klar doch«, sagte der Chef, »Südamerika ist gebongt! Bloß, dass der Brei – oder das Manna – grad jetzt über Arabien regnet, und nicht über der Pampa! Du hast ja gehört, wir haben den dicken Auftrag in Basra an Land gezogen, für die Papierfabrik, einen Kessel zum Papierkochen. Ein großes Projekt in einem schwierigen Land, da braucht es einen erfahrenen Iraker wie dich!«

»Basra! War ich mal kurz! Mein Gott, Chef!«, sagte der Hermann. »Ich habe keine Sünden mehr abzubüßen, bitte!«

»Basra«, widersprach der Chef, »Basra ist das Venedig des Nahen Ostens. So steht's im Reiseführer, Reiseführer lügen nicht! Sei ein Mann, Hermann! Von dort ist Sindbad der Seefahrer zu seinen Reisen aufgebrochen. Was hockst du immer noch da? Seemann, lass das Träumen, Tingel ahoi!«

»Da ist er ja wieder, der Hermann von Arabien!« Das war der Alte, anderthalb Jahre später, immer zu einem Späßchen aufgelegt.

Kein Spaß aber war, dass er den Tingel postwendend zurück nach Kirkuk schickte, zu Umbauarbeiten, aber es sei ja nur für ein paar Wochen.

Der Hermann schloss die Augen: »Irak – das Land des ewigen Sonnenscheins! So steht's in der Ankunftshalle im Bagdad-Airport.

Was sind da schon ein paar Wochen!«

»Südamerika ist nicht vergessen, lieber Tingel«, sagte der Chef ein halbes Jahr später, »aber du hast sicher längst von den Kollegen erfahren: Wir haben den Auftrag für die Erweiterung der Papierfabrik in Basra. Gott sei Dank, den Auftrag brauchten wir dringend für die Auslastung der Werkstätten. Und Gott sei Dank weißt du ja, wo in Basra der Hammel hängt, oder heißt es Hammer?«

Südamerika müsse eben noch eine Weile warten, das verschwinde ja nicht von der Landkarte. Die Zeiten seien nicht mehr ganz so gut und Allah habe nun mal das Öl unter den arabischen Sandalen vergraben – er werde sich schon was dabei gedacht haben, der Allmächtige!

»Also bitte, Hermann, sei nicht schleckig! Lern fleißig Spanisch, das kann man immer brauchen. Und jetzt sitz hier nicht herum, der Beton bindet schon ab, die Baustelle wartet!«

Hermann dachte an Hitze und Staub, wischte sich unwillkürlich durch das Gesicht und seufzte, er machte halt nicht gern viele Worte.

»Ich habe das Kofferpacken satt«, sagte seine Frau. »Tag für Tag die gleichen Gesichter, zu jedem Gesicht die passenden Witze, meist unpassende. Ich habe mich im Tennisverein angemeldet«.

Hermann nickte, nun halt alleine! Packte wieder den Sprachkurs *Spanisch in 30 Tagen* samt Kassettenrekorder mit Schalthebel Lehrer-Schüler ein und setzte sich ins Flugzeug nach Bagdad, dann ins Taxi, acht Stunden Fahrt bis Basra.

Am Abend seiner Ankunft lernten wir ihn kennen. Meine Frau und ich machten einen Spaziergang durchs Camp – Kleinfamilie mit Ente. Unser Töchterchen, Nathalie, gerade zwei Jahre alt geworden, zog eine kleine Holzente hinter sich her, die Ente flatterte mit den Flügeln und quietschte. Ich wurde ermahnt, endlich einmal die Gelenke zu schmieren.

Ich schätzte Tingel auf gute vierzig. Er war kräftig, vor allem um die Mitte herum, sein Gesicht leicht gerötet. Er beugte sich zu Nathalie hinunter. »Eine schöne Ente hast du da, kann ich die mal haben?«

Die Tochter nickte freudig und drückte ihm die Kordel in die Hand. Er nahm sie und machte ein paar Schritte, die Ente vorsichtig hinter sich herziehend. Einige Flügelschläge später gab er Nathalie die Ente zurück und lächelte in sich hinein.

Der Hammer hing tatsächlich noch an derselben Stelle, und wieder fing der Hermann von vorne an, das heißt von unten. Die Betonfundamente waren fest, die erste Stütze wurde feierlich aufgestellt und mit Hammelblut bespritzt, das bringt Glück. Nicht dem Hammel, der musste sein Blut opfern. Zum Dank dafür wurde er mit Reis, Mandeln und Rosinen gefüllt, zugenäht und beim Bäcker in den Ofen geschoben. Eine arabische Köstlichkeit, fand nicht nur der Hermann.

Und standen die Stützen, das Treppenhaus und die Bühnen, dann wurden die tonnenschweren Kesseltrommeln mit Winden hochgezogen, ein Dampfkessel ist kein Teekessel.

Jeden Tag stieg Tingel mehrere Male nach oben, blickte über das weite Schwemmland, den grünen Halbmond, nach Westen in Richtung Mekka, davor viel Sand, dahinter noch mehr Sand, dann Wasser, Afrika, wieder Wasser, und dann: Südamerika!

Alle sechs Monate flog er heim, auf Kurzurlaub.

Seine Frau hatte es sich gut eingerichtet im neuen Haus, der Tennisarm mache ihr zu schaffen, klagte sie.

Waren die vielen Kilometer Kesselrohre sinnvoll miteinander verschweißt, kam der spannende Tag der Druckprobe: Ist der Kessel dicht?

Wenn es dann nirgendwo mehr tropfte oder gar spritzte, floss schon wenige Monate später an einer Seite des Kessels das Speisewasser hinein. Unter dem Kessel wurde ein Feuerchen gemacht mit Öl oder Gas. Sobald es siedete, brodelte und zischte, kam oben der Dampf heraus, strömte zu den Papiermaschinen und heizte die Walzen. Vorher durfte er noch arbeiten, der Dampf, und die Turbinenschaufeln anschieben, die Turbine drehte den Generator und machte Strom, und auch der floss zu den Papiermaschinen. Bald drehte sich alles – so einfach ist das!

Zwei lange Jahre waren ins Morgenland gegangen, Tingel stand wieder auf der Matte vor dem Montagebüro. Ein neuer Chef begrüßte den Heimkehrer: »Da ist ja Sindbad der Seefahrer! Da schaun Sie, was! Der Alte hat mich bestens über Sie informiert, nachgerade geschwärmt hat er von Ihnen, bevor er in den vorgezogenen Ruhestand ging, ganz plötzlich!«

Tingel schwante nichts Gutes.

»And now? What shall we do with the drunken sailor? Kleines Späßchen! Allah sei Dank haben wir Kräfte wie Sie, alhamdulillah!

»Echt belesen, der Neue!«, dachte Tingel.

»Was hält der Wüstenfuchs von einem Ausflug ins Grüne, mein Lieber, mitten in die Reisfelder.«

Immerhin, dachte Tingel und atmete auf. Es geht nach Fernost!

»Eine Baustelle am Meeresstrand mit Blick auf schneebedeckte Viertausender – ich beneide Sie! Wieso Gelbes Meer? Kaspisches Meer!«

Ein Kraftwerk im iranischen Norden, dorthin schicke man nur bewährte Leute, erfuhr der Hermann, mit den Moslems könne nicht jeder Jeck.

»Ach ja?«, sagte der Tingel. «Nun hören Sie mal zu, junger Mann! Seit Jahren verspricht mir der Alte einen Job in Südamerika, ich hab Spanisch gelernt, etwas Portugiesisch, neben der Arbeit, seit Jahren schaufle ich Sand in Arabien – solche Löcher! Und nun macht er sich über den Acker! War wohl alles tausendundeine Nacht?«

Das war eine laute Rede, wie man halt so redet unter Montageleuten. Und eine lange Rede.

»Ich schmeiß die Schaufel weg!«, sagte der Tingel noch, aber der Neue schien tatsächlich nichts zu wissen.

»Tut mir wirklich leid, Herr Tingel.«

Zurzeit laufe ja dieser verrückte Auftrag im Amazonasgebiet, was ganz Ausgefallenes, eine schwimmende Zellstofffabrik. Wenn die fertig ist, werde sie auf dem Strom hin und hertuckern, immer dahin, wo der Rohstoff wächst. Der Kollege Schmitz sei dort, ja der Bernd, der spreche ganz ordentlich Portugiesisch, weil er schon in Portugal bei den Eukalyptusfabriken dabei war. Und dann verdrehte der Chef die Augen. »Das Kaspische Meer, ein Traum«, sagte er, »überhaupt Persien – fast wie zu Hause! Lieber Tingel, sehen Sie mal hier: Ein rororo-Taschenbuch über den Schah von Persien: *Schah Reza, der letzte Deutsche Kaiser*. Schenk ich Ihnen. Wahre Geschichten über Soraya und die Schahbanu Farah Diba und darüber, wie sich der Schah Tag und Nacht um das Wohlergehen seines Volkes grämt.«

Der Buchumschlag zeigte den letzten Herrscher auf dem Pfauenthron mit Pickelhaube, Säbel und einer Schärpe in den Farben der Regenbogenpresse. Das Büchlein könne er schon mal im Flugzeug lesen, sagte der neue Chef, zur Einstimmung und für den Gedankenaustausch mit den Einheimischen. Für das nächste Südamerikaprojekt habe er ihn nun vorgemerkt, das sei gebongt. Nun solle er mal nicht so enttäuscht aus der Wäsche schauen, und warum er immer noch hier sitze und nicht im Flugzeug, die Stahlträger rosteten schon.

Schwätzer!, dachte der Tingel, das half, aber wenig.

Und wieder stieg der Hermann als Erster im Morgengrauen auf das Kesselhaus. Der Blick in den Norden schweifte übers Meer. In der Richtung seiner Träume blieb er jedoch schon an den Nordhängen des Elbursgebirges hängen, am Vulkankegel des Damavand. Hinter den Schneegipfeln lagen die iranische Wüste, Mesopotamien, wieder Wüste, Afrika und dann der Ozean.

Südamerika war noch weiter in die Ferne gerückt, die endlosen Sandstrände, die goldgebräunten Frauen und butterweichen Rindersteaks, oder umgekehrt! Die Argentinier wüssten überhaupt nicht, dass Geflügel essbar ist, hatte ihm ein Kollege beim täglichen Hühner-Kebab in der Kantine erzählt!

Eigentlich hätte Tingel ein gutes Jahr später vom Kaspischen Meer quer durchs Land hinunter an den Arabischen Golf gemusst, dort Persischer Golf genannt, aber da brach die undankbare Revolution aus, gegen die Segnungen des selbstlosen Kaisers, und bewahrte den Hermann vor der Klimahölle von Bushehr. Gerade noch schaffte er es rechtzeitig nach Hause, zur Jahreshauptversammlung ins Tennisvereinsheim – die Sektkorken knallten, seine Frau war Landesmeisterin der Senioren geworden.

Dann ging's von Damaskus mit dem Bus eine Tagesreise nach Osten nach Deir ez Zor, das ist zwischen As-Sukhnah und Al Haditah. Gemeinsam haben wir aus Stroh Papier gemacht, bis der Tingel an den Golf von Aqaba flog, weiter ins sprichwörtlich trockene Kuwait – das tat der Leber gut –, anschließend zu den anderen Königen, Scheichs und Emiren am Persischen Golf, dort Arabischer Golf genannt. Vorher oder zwischendurch an den Khyberpass in Pakistan, das hätte ich fast vergessen, aber wen schert die Reihenfolge.

Mal war er für sechs Monate weg, mal für zwölf oder für 18, mal warf er schon nach drei Monaten den Schraubenschlüssel hin, weil dem Kunden das Geld ausging, oder weil, wie am Khyberpass, die bösen Inder die Fabrik bombardierten. Rund um die Welt stehen

Kraftwerke – besser ist es allerdings, wenn sie laufen! Das ist ein bärtiger Monteurwitz, aber der Mensch braucht halt Licht in der Dunkelheit und Kühlung in der Tageshitze.

Mehr als drei Jahrzehnte war der Hermann von Land zu Land getingelt, wie er selber kalauerte, an jeden Ort auf der weiten Welt hatte die Firma ihn geschickt, vorausgesetzt, der Ort lag irgendwo im Nahen oder Mittleren Osten. Klar! Er hatte sich dort bewährt und wusste am besten, wie der Hase läuft, oder das Kamel! Von den Landessprachen Arabisch, Kurdisch, Farsi und Paschtu beherrschte er jeweils die wenigen Handvoll Worte, die es halt so brauchte: Guten Morgen, danke, bitte, links, rechts, heute, morgen, und – ganz wichtig – übermorgen und Wasser und Strom. Er zählte von eins, zwei, drei bis viele, verstand, was es heißt: Heute kein Wasser, morgen keinen Strom. Er konnte fragen, was der Teppich kostet, und dann Auf Wiedersehen! sagen. Mehr Worte wurden nicht gemacht, und wenn doch, dann auf Englisch. Hätte er richtig Arabisch, Kurdisch, Farsi und Paschtu und was weiß ich gelernt, wären ja alle Salsa- und Tangoträume für alle Zeiten im Wüstenwind verdorrt.

Und so war er mit den Jahren grau geworden, noch etwas fülliger um die Hüften. Südamerika hat er nie gesehen. Nehmen wir mal an, dass auch die Frauen an der Copacabana, am Rio de la Plata, in Bahia und Montevideo unterdessen etwas zugelegt hatten – so blieb beiden Seiten eine Enttäuschung erspart.

Vor zehn Jahren trafen wir uns zufällig, in Oberhausen, er war schon in Rente. Und wie wir über die guten alten Zeiten plauderten, da fragte er nach unserer kleinen Tochter und der Ente. Mein Gott, die Ente war wohl in Basra unter den Palmen geblieben und der Sohn der Tochter hatte grad eine eigene bekommen.

»Was fragst du nach der Ente? Du meine Güte, nach so langer Zeit?«

»Schau«, sagte der Tingel, »überall, wo es mich hin verschlagen hat, gab's Familien mit kleinen Kindern. Und wenn mir die Hitze und der Ärger, die Kerle von zu Hause und die Hiesigen, der Staub und der Termindruck unerträglich wurden, habe ich mir einfach folgende Szene vorgestellt: Ich leihe mir so eine Watschelente, gehe in der Nachmittagshitze ganz langsam quer über die Baustelle und ziehe die Ente an der Schnur hinter mir her. Binnen Minuten käme der Bauleiter angerannt, nähme mich still zur Seite und würde sagen: ›Hermann, wir zwei gehen jetzt in mein Büro, ganz ruhig Hermann. Morgen sitzt du im Flieger nach Hause zur Mutti, war wohl ein bisschen viel die letzten Wochen, Hermann, spann mal so richtig aus!‹ Der Gedanke hat mir immer geholfen!«

DIE FÜNFTE STORY

Auf der grünen Wiese

Der Landvermesser Staudacher versinkt im biblischen Schlamm und wartet vergeblich auf Gottes Lohn.

»Gleich gerinnt mein Hirn wie Verlorenes Ei!«, stöhnte Staudacher im Fond des Taxis. Der Landvermesser war auf dem Weg von Bagdad in die südöstliche Provinz Misan. Der glutheiße Fahrtwind wummerte durch den Wagen und ließ die Köpfe von Fahrer und Fahrgast erröten wie Krebse im Kümmelsud. Er kurbelte das Fenster hinunter.

Das Klima in den robusten Autos der Marke Wolga ließ sich wenigstens bequem und ohne elektronischen Schnickschnack regeln, allerdings in den von der Natur vorgegebenen Grenzen. Im Frühjahr, wenn das Thermometer nach oben kletterte – 50 Grad waren keine Seltenheit – wurden die Fenster geöffnet, sank im Herbst die Temperatur, wurden die Fenster geschlossen – natürlich auch, wenn im Sommer Gewitterwolken aufzogen. Staudacher konnte sich glücklich schätzen, dass die Fensterkurbeln nicht abgebrochen waren, bei Sturm und Wolkenbruch galt es dann schnell zu handeln. Im Ernstfall blieb ihm die Rohrzange, die sich bestimmt unter den Sitzen oder hinten im Kofferraum befand.

Die Straße verlief linksseitig des Tigris. In der Provinzhauptstadt Amarah überquerte das Taxi den Strom. Eine weitere halbe Stunde Fahrt, hier musste es sein, eine Holztafel, weiß gekalkte Steine markierten einen Weg in Richtung Osten. Zwischen Straße und Tigrisdamm – kein Baum, kein Strauch.

»Schweija, habibi!« – Langsam, mein Freund!

Staudacher stieg aus dem Taxi, betrat die salzverkrustete Erde, ein Staubwölkchen stieg gen Himmel. Er schickte einen fragenden Seufzer hinterher: »Mein Gott, wo bin ich hier gelandet?«

Von dem so Angesprochenen konnte er freilich keine Antwort erwarten, fürsorglich hatte jedoch das Industrieministerium eine Informationstafel in die Weite der Landschaft gestellt. In englischer und arabischer Sprache wurde dem Vorüberfahrenden der baldige Baubeginn einer Papierfabrik angezeigt. Hinter der Tafel, irgendwo in dieser Öde sollte Staudacher die Fabrik einmessen, mitten ins Nichts.

»Wir bauen auf der grünen Wiese!«, sagte er laut und dachte an blühende Almen, schnupperte den Duft des Almenrauschs, der saftigen Kräuter und des Edelweiß'. Wie schön wäre es, eine Kuh zu sein. Oder ein Ochs!

Auf der grünen Wiese bauen ist ein technischer Ausdruck, der blühenden Fantasie der Ingenieure entsprungen, selbst wenn es sich um hellbraunen Dreck handelt, in unserem Falle um Dreck von ausgesuchter Qualität, um Lehm nämlich. Lehm, aus dem seit Jahrtausenden die haltbarsten Ziegel luftgetrocknet und gebrannt wurden, ein den Unbilden der Natur bis in unsere Tage trotzender Baustoff sumerischer, babylonischer und assyrischer Baukunst.

Bei Regen verwandelt sich die Lehmwiese des südlichen Irak in eine einzige klebrige Masse. Wer vom rechten Weg abkommt, an dessen Stiefelsohlen klebt Mutter Erde wie schwäbischer Spätzlesteig. Mit jedem schmatzenden Schritt in Mutters Spätzlesteig wächst der Verirrte und steigt empor bis in luftige Höhen. Bald hängt die ganze Welt an seinen Stiefeln, dann ist kein Fortkommen mehr. Nun muss er in der nassen Wüste ausharren, bis die Sonne wieder scheint, es sei denn, er zöge die Stiefel aus und ginge barfuß weiter.

Im ersten Baustellenwinter verwandelten sich die noch unbetonierten Wege im Wohncamp in unergründliche Schlammkanäle – wohin sollte das Wasser in dieser Topfebene auch laufen? Wie heißt es doch in der Bibel?

»Im sechshundertsten Jahr Noachs, am ersten Tag des ersten Monats, hatte sich das Wasser verlaufen.«

So lang kann's gehen!
Das ist übrigens Genesis 8,13.

Neuankömmlinge stülpten sich in ihrer Not Plastiktüten über die Schuhe, banden sie unter den Knien fest und stakten durch den rülpsenden Schlick wie bei einer Wattwanderung zwischen den Halligen.

Aber noch rülpste kein Schlick, noch wirbelte jeder Schritt Staub auf – keine Wolke am Himmel, geschweige denn Regen in Sicht. Da stand Staudacher nun auf der graubraunen Salzwiese und blickte über das alttestamentarische Land – im Osten der Damm des biblischen Stroms, im Rücken die grüne Mauer endloser Zuckerrohrfelder und im Süden das seit Urzeiten verwaiste Paradies. Dann machte er kehrt und fuhr zurück nach Amarah, ins guest house der Regierung und quartierte sich für die nächsten Monate ein.

Das altehrwürdige Hotel musste schon reichlich Geschichte gesehen haben, die flüchtenden Osmanen, die Briten, in den Dreißigern Seine Hoheit Faisal I. und Ende der Fünfziger des letzten Jahrhunderts die blutige Revolution.

Staudacher betrat die Bar und setzte sich in einen Sessel, dessen Polster wohl schon vom königlichen Allerwertesten geehrt worden war. In den Zwanzigerjahren werden die Engländer hier ihren Sundowner zu sich genommen haben. Der Landvermesser bestellte sich einen Gin Tonic gegen die Amöben, danach ein kühles Bier, Ferida Export. Von der eiskalten Flasche perlte Schwitzwasser auf das Tischchen, floss über den Rand und tropfte auf den abgetretenen Teppich, im rhythmischen

Rumpeln des Deckenventilators versanken Staudachers trübe Gedanken im abgrundtiefen Schlamm des verödeten Paradieses.

»Warum tue ich mir das an?«, fragte er sich.

Und siehe da – dieses Mal bekam er eine Antwort; man muss nur den Richtigen fragen.

Dort, wo einst der Garten Eden blühte, wo die trägen Wasser von Euphrat und Tigris sich mengen, schuf Gott Adam und Eva. Wegen einer Kleideraffäre mussten die beiden das Paradies verlassen, wurden Ackerbauern und mehrten sich im Schweiße ihres Angesichtes. Bald bevölkerten unzählige Nachkommen die Erde und bestellten die Äcker. Aber alle Jahre wieder, wenn die Bauern im Märzen die Rösslein anspannten, gab es heftigen Streit, denn keiner wusste so recht, wo sein Acker endete und des Nachbarn Grund und Boden begann. So warfen sich die Menschen die übelsten Worte an den Kopf. War der Vorrat an Worten erschöpft, bewarfen sie sich mit Steinen, und wenn auch die Steine nicht überzeugten, schlugen sie sich gegenseitig tot. Dann herrschte ein Weilchen Ruhe, aber nach der nächsten Schneeschmelze floss wieder Blut.

Gott sagte: »Die Menschen sind ohne Fehl und lieben ihren Nächsten. Sie müssen nur wissen, wo ihre Grenzen sind.«

Und so schuf Gott den Landvermesser. Das Land solle er vermessen, wies er ihn an, Größe und Zuschnitt von Ackerland und Wiesen festlegen, an jede der vier Ecken einen Stein setzen, und wenn er es recht anstelle, herrsche bald eitel Freude und Liebe unter den Völkern der Erde. »Denn der Mensch ist die Krone der Schöpfung!«, sagte Gott, »und jetzt gehe Er an die Arbeit!«

Der von Gott Gesandte hantierte mit Theodolit und Maßband, der Messknecht schleppte die Messlatte, den Sonnenschirm und den Vesperbeutel. Sie vermaßen die Wiesen und Felder, die Fluren und Wälder und setzten die Grenzsteine, alles nach göttlichem Plan, damit Friede unter den Menschen werde!

Aber kaum waren die Marksteine eingegraben und die Zäune errichtet, da fing der Hader erst so richtig an. Des Nachts buddelten die Menschen die Steine aus, versetzten sie zu ihren Gunsten, rissen die Zäune nieder und legten Hecken und Häuser in Brand. Im Feuerschein ihrer abgebrannten Häuser griffen die Nachbarn zu Äxten, Sensen und Mistgabeln und schlugen in blutiger Rache zurück, bald brachen ganze Völkerscharen alle naslang einen Krieg von den kaputten Zäunen.

Da zürnte Gott und erschien dem Landvermesser. Der saß im Schatten einer Eiche und nahm gerade sein zweites Gabelfrühstück zu sich – Weißwürst mit Brezen, dazu ein dunkles Weizenbier. Das hinterließ bei Gott nicht grad den besten Eindruck.

»Im Grunde seines Herzens ist der Mensch ein friedliebendes Wesen, aber Er hat schludrig gemessen«, sagte Gott, »wo ich hinschaue, lauter linke Winkel, spitze und stumpfe, nirgendwo ein rechter Winkel! Alles schief und krumm auf dieser Welt, da muss das brave Volk ja aufbegehren!«

Der also Gerügte wies jegliche Verantwortung empört

von sich. Die Kaffee trinkenden Damen im Schreibbüro vertippten sich andauernd bei den Tabellen und der Messknecht saufe heimlich!

Aber da war er an den Falschen geraten!

»Nun höre Er zu!«, sprach der Herr. »Das sind Ausreden und üble Nachreden. Sofort nehme Er seine Siebensachen und vermesse die Erde noch einmal, ganz allein, von vorne und von hinten und rundherum. Sobald das Ergebnis rechtens und im Lot ist, werden Ruhe und Frieden herrschen – Er wird schon sehen. Dann melde Er sich im himmlischen Katasteramt und bekommt seinen gerechten Lohn, aber nicht einen Tag früher!«

Und mit der Mahnung »Kein Bier vor Sonnenuntergang!« verließ Gott den Landvermesser.

Seit diesem Tag wandert der Vermesser gottverlassen von Land zu Land, setzt Grenzstein um Grenzstein, aber jedes Mal, wenn er die Erdkugel umrundet hat, sind die Steine wieder verrückt und die Menschen werden immer verrückter. So hofft der Vermesser bis zum heutigen Tage vergeblich auf Ruhe, Frieden und Gottes Lohn.

Bei Gottes Lohn schreckte Staudacher auf und rief: »Das Leben ist ungerecht!«

Die Sonne war längst untergegangen, er bestellte sich einen letzten Schlaftrunk. Erneut lagen zwei Jahre vor ihm – das dürfte die achte Baustelle sein, oder war es schon die neunte? Wie auch immer, sobald die ersten Häuschen stünden, so in sechs Monaten, würde seine Frau nachkommen. Sie freute sich schon! Könnte sie dann bereits in den warmen Swimmingpool hüpfen und abends auf dem neuen Tennisplatz eine Runde spielen, der Wiedersehensfreude wäre kein Ende.

DIE SECHSTE STORY

Bei Thor Heyerdahl im Paradies

Wir begegnen dem großen Heyerdahl und hören Frau Claudias These von der Vertreibung aus dem Paradies.

> *On this holy spot where Tigris meets Euphrates*
> *this holy tree of our father Adam grew*
> *symbolizing the garden of Eden on earth.*
> *Abraham prayed here two thousand years B.C.*
>
> Al Qurna, Paradies, Irak

Jetzt waren wir also im Paradies. »Der Legende nach soll Abraham hier vor 4000 Jahren gebetet haben«, sagte Claudia und deutete auf die Tafel in einer Einfriedung. Die Aufschrift erzählte vom Stammvater Adam und dem verwitterten Baum, der das einstige Paradies symbolisierte.

Wir standen im Park des Garden of Eden Rest House, auf der Landzunge am Zusammenfluss von Euphrat und Tigris am Stadtrand von Qurna.

Lange Jahre nach der Vertreibung der beiden Ureinwohner, Adam und Eva, machten meine Frau und ich von Basra aus einen Ausflug an den heiligen Platz. Träge floss der kristallklare Euphrat aus den Sümpfen und mündete in den von Norden kommenden lehmgelben Tigris. Hinter dem Eden-Hotel vereinigten sich die zwei Ströme zum Schatt al Arab.

Nach einer kurzen Fahrt durch Qurna und einem Rundgang um den knorrigen Baum der Erkenntnis – vielleicht ein Olivenbaum, sicher aber kein Apfelbaum – setzten wir uns auf die Terrasse im Hotelgarten an ein gedecktes Tischchen und bestellten gegrillte Lammrippchen. Hier wollten wir den von Palmen gesäumten, nach Süden in den Persisch-Arabischen Golf fließenden biblischen Wassern nachschauen, über Gott und die Welt sinnieren und eins trinken – kein Bibelwasser, kühles Lagerbier.

»Nachdem ich Qurna gesehen habe, verstehe ich, was die Engländer mit einem *godforsaken place at the end of nowhere* meinen, einen gottverlassenen Platz am Ende von nirgendwo«, sagte ich.

Der beißende Staub hatte uns die Sicht genommen und das Atmen schwer gemacht.

»Zur Regenzeit stapfen die Qurneser – und wer immer sich in ihre Stadt verirrt – sicher mit lehmverschmierten Schuhen durch knöcheltiefen Schlamm; hier sieht man zu, dass man weiterkommt oder an ein schattiges Plätzchen – wie wir. Man könnte auch sagen: Qurna ist ein Drecksnest!«, sagte ich.

»Als Mann würde ich mich mit abfälligen Bemerkungen über Dreck und Lehm zurückhalten«, sagte meine Frau. »Aus was hat denn Gott den Adam gemacht?«

Sie ist, trotz römischen Glaubens, sehr bibelstark.

»Und was das Paradies angeht«, fuhr sie fort, »so steht geschrieben, dass östlich des Gartens die Kerubim stehen mit loderndem Flammenschwert, um den Weg zum Baum des Lebens zu bewachen. Hast du auf der Zufahrt irgendwelche Engel gesehen?«

»Engel? Ich? Nein! Ich habe nach einem Parkplatz ausgeschaut!«

Das paradiesische Plätzchen hatten wir unbehelligt von himmlischen Wächtern betreten. Die Kerubim machten wohl grade eine längere Teepause – das schmiedeeiserne Tor zur Einfriedung hätten sie zwischendurch mal schmieren können!

Wie wir nun vor unseren Lammrippchen saßen, den Staub von Qurna im Rachen und auf das dritte Feridabier zum Spülen wartend, vertiefte meine Frau ihre Gedanken über die Schöpfungsgeschichte.

»Qurna – das Paradies? Na! Ich sag dir was: Adam und Eva ist gar nicht gekündigt worden – die beiden sind wegen des Drecks, der stinkenden Abwasserrinnen und der allgegenwärtigen Kakerlaken einfach ausgezogen. So war das!«, sagte sie bestimmt. »Man muss nicht alles wörtlich nehmen, was geschrieben steht!«, bekräftigte sie ihre Rede.

»Aha!«, sagte ich. »Und wie war das mit dem Lehm? Noch ein Rippchen gefällig?«

Sie ließ sich nicht beirren. »Adam hat sich zunächst bei der Paradiesverwaltung beschwert, schriftlich, mehrfach, und als das nichts half, kürzte er die Mietzahlungen, für jede Kakerlake einen sumerischen Schekel, eine Mark, oder was weiß ich – nach einem Jahr hatten sie es bis hier!« Die Gnädigste zeigte mit der Hand bis hier, wurde vom Kellner unterbrochen, der endlich das dritte Bier brachte.

»Dann packten sie ihre Siebensachen, schmissen den Schlüssel der Paradiespforte in den Euphrat und zogen in ein Land, das man später Schwabenland nennen sollte.«

Sie drehte sich um und rief über den Euphrat: »Hört ihr Leute von Qurna, das Schwabenland ist eine saubere Gegend – dank der schwäbischen Kehrwoche!«

»Im Schwabenland klangen die Bibelsprüche ganz anders«, spann sie den Gedanken weiter. »Von wegen: Weil du auf deine Frau gehört hast, sollst du im Schweiße deines Angesichtes dein Brot essen! Bei den Schwaben hieß es dann: Weil du nicht auf deine Frau gehört hast, sollst du im Schweiße deines Angesichtes Kutteln essen statt Zwiebelrostbraten mit Bratkartoffeln und sauren Apfelmost trinken statt Trollinger.«

Was sie mit dem ungehörigen schwäbischen Adam andeuten wollte: Der Kerle hätte sein Geld besser auf die Bausparkasse getragen statt in den Grünen Baum!

Nach einem kräftigen Schluck Ferida Export kam sie zum paradiesischen Ende: »Friede herrschte im neuen Paradies! Die braven Bürger buckelten am Tage, denn sie liebten das Schaffen wie sich selbst. Der wahre Liebende aber streitet nicht und spielt nicht Kriegerles. Des Feierabends kamen Kässpätzle und Trollinger über die Menschen und nach dem zweiten Trollinger ward nur noch Liebe unter ihnen – älles inklusive. Prost Amen!«

Soweit das Erste Buch Mose nach Frau Claudia, der Schwäbin.

»Die Weltgeschichte wäre ganz anders verlaufen! Des kannsch glaube!«

Das Zitat über das männliche Schwitzen habe ich übrigens aus der Bibel abgeschrieben. So oder so ähnlich steht es im Buch Genesis, Kapitel 3,19.

Und noch einer wollte das Paradies verlassen: Thor Heyerdahl.

An Bord des sumerischen Schilfbootes Tigris plante er, von Qurna aus zunächst den Golf zu durchqueren, dann durch die Straße von Hormuz bis ins Mündungsgebiet des Indus nach Pakistan zu segeln, sein Endziel war das Goldland Punt im heutigen Somalia. Ganz nahe der Stelle, an der meine Frau von Friede, Trollinger und Kässpätzle träumte, legte er zwei Jahre später zu der maritimen Expedition ab. Ich durfte ihm die Hand schütteln – er wird mich wohl schon wieder vergessen haben, als es sich ausgeschüttelt hatte.

Im Herbst 1977 begann er mit dem Bau des Bootes. Das Schilf ließ er in den nahen Sümpfen schneiden. Seit

Urzeiten ist es dort das vielseitigste Rohmaterial für die kunstvoll geflochtenen Häuser und neuerdings auch nachwachsender Rohstoff der Papiermacher. Wir kamen von unserer ein gutes Stündchen Fahrt entfernten Baustelle, hielten den großen Mann von der Arbeit ab und fotografierten seine vier im Schilfbau erfahrenen, eigens vom Titicacasee angereisten Aymara-Indianer. Die Indianer trennten sich auch bei Sonnenschein und 40 Grad nicht von ihren knallbunten Wollmützen mit den Ohrklappen. Araber aus den Sümpfen flochten unter ihrer Anleitung das Schilf zu langen Würsten, aus denen die zwei Rümpfe des Bootes geformt wurden.

Heyerdahl, der Seeheld, der sich 1947 auf dem Balsafloß Kon-Tiki von Peru nach Polynesien hatte treiben lassen – unvergessen auch die ägyptischen Papyrusflöße Ra I und II von 1969 und 1970 –, wollte mit der Tigris-Expedition beweisen, dass die Sumerer bereits vor 6000 Jahren solch große Schilfboote navigieren und damit bis nach Indien und Afrika segeln konnten.

Zahllose Knüppel wurden ihm während seiner Arbeit zwischen die Beine geworfen – die irakischen Behörden arbeiteten, wenn überhaupt, nur gegen das Vorhaben oder gegeneinander.

Zimmerleute und Ingenieure unserer Baustelle haben Heyerdahl unterstützt und in jeder freien Minute Hand mit angelegt. Dabei sein war alles! Ihre fachmännische Hilfe und große Mengen Baumaterials hat er gerne angenommen. Umso größer die Verwunderung, als wir sein Buch *Tigris – Auf der Suche nach unserem*

Ursprung in den Händen hielten. Wir fanden nur wenige Worte der Anerkennung. Im Jahr 2002 ist er im Alter von 87 Jahren gestorben, wer wollte dem berühmten Forscher kleinlichen Undank nachsagen.

Am 11. November 1977 sollte Stapellauf sein. Zitat aus Heyerdahls Buch:

> *»Wir hatten niemanden eingeladen, doch der Garten war gesteckt voll mit Neugierigen ...«*

Wo er recht hatte, hatte er recht. Dabei sah er wohl nur die Besucher auf der Wiese, weitere ungebetene Gäste drängten sich auf dem Flachdach des Hotels, das nur dank des Wirkens höherer Mächte nicht in sich zusammenbrach. Auch ich konnte ein luftiges Plätzchen ergattern, dann stellte ich fest, dass der Film in der Kamera fehlte. Nachher war mein Logenplatz weg.

Einige Aufnahmen im Fotoalbum zeigen einen orientalisch bunten Menschenauflauf, gestikulierende Männer auf dem Deck der noch ungetauften Tigris, auf Strohbündeln im Fluss paddelnde Buben und in den Kronen der Uferpalmen hängende Einheimische.

Das Schiff wurde unter tatkräftiger Mithilfe zuvor gänzlich unbeteiligter, aus Bagdad angereister Würdenträger getauft. Ihretwegen kreuzte auf dem Fluss ein mit Uniformierten überladenes Polizeiboot und verpestete mit seinen rußigen Abgasen die Feier. Ein Gewitter braute sich östlich des Stromes zusammen, Zweifel, ob der alttestamentarische Himmel dem Vorhaben günstig gesonnen war, kamen auf. Unter den ersten Donnerschlägen begann der Stapellauf, das Schiff bewegte sich um einige Meter auf den ausgelegten Matten, blieb in der Tragkonstruktion hängen, Verbindungsseile rissen, nichts ging mehr, nur die Würdenträger verabschiedeten sich.

Ich wollte es dieser Tage genau wissen und stöberte einen der fleißigsten Helfer und Mitwirkenden beim Stapellauf in seinem Altenteil auf: Josef Czillich, den einzigen der deutschen Zimmerleute, den Heyerdahl in seinem Buch namentlich erwähnt.

Czillich, mittlerweile in den Achtzigern, meinte, dass das Gewicht des Bootes unterschätzt worden war und die Gleitschienen und die Stützkonstruktion der höheren Belastung nicht standhielten. Außerdem habe der Tigris in diesen Tagen weniger Wasser geführt als gewohnt. Als brachiales Ziehen und Zerren nicht mehr halfen und immer mehr Schilfbündel unter der Belastung barsten, ließ der mitsegelnde russische Arzt Juri Senkewitsch einen Lastwagen von einer russischen Baustelle kommen. Der schob die Tigris mit der Stoßstange ohne viel Federlesens in ihr Bett. Fertig, warum nicht gleich? Da lag sie nun, nur leicht beschädigt, wie sich nach einigen Tauchgängen herausstellte, die Takelage konnte aufgerüstet werden.

Zwei Wochen danach legte Heyerdahl ab und steuerte mit seiner zehnköpfigen Besatzung aus neun Nationen den Schatt al Arab hinunter. Am Pier unserer nahe Basra liegenden Papierfabrik legte er wieder an, um ein Ruder zu reparieren. Die Kläranlage schien einen schlechten Tag gehabt zu haben und war übergeschäumt, was sie nicht tun sollte. Wegen der grässlichen Schaumberge auf dem Fluss segelte Heyerdahl fluchtartig weiter in Richtung Mündung. Er fürchtete wohl, dass sich die Tigris im Flusswasser in ihre Bestandteile auflösen würde wie der Rohstoff der Fabrik – das nämliche Schilf. Dann verloren wir ihn aus den Augen, den Verlauf der eigentlichen Forschungsreise entnehme ich seinem erwähnten Buch.

Im Golf angekommen, konnte er erstmals das Rahsegel setzen. Vor Kuwait seien die Ruder, die er unter großen Mühen gezimmert hatte, zerbrochen, erinnerte sich Josef Czillich. Dann kreuzte die Tigris durch den Persisch-Arabischen Golf, immer in Gefahr, von Riesenöltankern untergepflügt zu werden, schwenkte vor dem Oman nach Osten, segelte nach Pakistan, dann zurück in den Golf von Aden, vorbei am Horn von Afrika. Die Einfahrt in das Rote Meer wurde dem friedlichen Schilfboot von den Kriegsparteien Somalia (pro Westen) und Ägypten (pro Sowjetunion) verwehrt. Das war das Ende der Kreuzfahrt.

Nach fast 7000 Kilometern und 143 Tagen auf See schrieb die Besatzung einen flammenden Friedensappell an UN-Generalsekretär Kurt Waldheim, bedankte sich für die Erlaubnis, unter der Flagge der Vereinigten Nationen gesegelt haben zu dürfen und zündete am 3. April 1978 die unversehrte Tigris an.

Heyerdahls Buch endet mit den Sätzen:

»In einem Regen von Funken fing das Segel Feuer, begleitet vom scharfen Knallen des platzenden Bambus und dem Knistern des brennenden Schilfs. Niemand sagte ein Wort, und ich murmelte kaum hörbar: ›Sie war ein gutes Schiff.‹ «

Nach Heyerdahls Reise ist viel Euphrat- und Tigriswasser in den Golf geflossen.

Den einfachen Irakern ging es ab Ende der Sechzigerjahre wirtschaftlich besser, bis Saddam Hussein 1980 den Iran überfiel. Eine schreckliche Zeit begann, seitdem liegt der Irak am Boden, der Diktator endete im Jahr 2006 am Galgen.

Wie steht's nun um das ehemalige Paradies? Aus dem Jahr 2000 berichtet das Reisebuch von Alfred Diwersey und Gisela Wand *Irak – Land zwischen Euphrat und Tigris*:

»Das heutige Al Qurna zeigt einen abgestorbenen Baum mit vorwurfsvoll starrenden Ästen: personifizierte Tristesse. Ein Hirte weidet ein paar Ziegen, ein Kahn legt an, ein verödetes Gasthaus markiert die Stelle …«

DIE SIEBTE STORY

Spinne am Abend

Vom Tod in der Wüste und warum der Landvermesser beinahe über den Tigris ging.

In Bagdad lockte die Sünde, die lasterhafte Metropole lag indes Hunderte von Kilometern und Stunden in brüllender Hitze entfernt. Wir lebten seinerzeit fernab von allen Versuchungen unserer verdorbenen Welt. Irdisches Begehren in die Tat umzusetzen, lag uns somit fern, auch fehlte die Muße. Schließlich waren wir nicht orientalischer Lustbarkeiten wegen im Irak, sondern hatten eine Papierfabrik am Ufer des Tigris nahe den mesopotamischen Sümpfen zu bauen.

War unser Seelenheil somit nicht akut bedroht, so lauerten doch allenthalben Gefahren für Leib und Leben. Die Attacken übelwollender Bakterien, hinterlistiger Amöben und anderer Wechseltierchen auf Leber, Darm und Milz konnten wir mit schottischer Hochlandmedizin, sprich Whisky, erfolgreich abwehren.

Dem in den Sümpfen und der Wüste kreuchenden und fleuchenden, stechenden und beißenden, giftigen oder gar tödlichen Getier waren wir jedoch wehrlos ausgeliefert.

Erste leidvolle Erfahrungen mit fleuchenden Ungeheuern machten unsere Motorrad fahrenden Baupoliere.

Motorräder waren ob der weit auseinander liegenden Gewerke sehr beliebt. Ohne Helm und ohne Visier brausten die Herren über die Baustelle und behielten so dank des Fahrtwindes einen kühlen Kopf. Mussten sie hingegen nach Einbruch der Dämmerung auf Kontrollfahrt, kam es ab und an zu dramatischen Begegnungen mit unbekannten Flugobjekten. Die UFO waren gewaltige schwarze Käfer, die wir B-52 tauften – nach den amerikanischen Langstreckenbombern. Wie ihre achtstrahligen Namenspatrone hoben die Bomberkäfer erst nach erheblichem Anlauf vom Boden ab, waren sie aber einmal in der Luft, hinterließen sie im Kollisionsfall einen bleibenden Eindruck im Gesicht des Fahrers – oder einen nusscremigen Nachgeschmack im Mund.

Gegen die in der Dämmerung stechenden Verwandten dieser Flugsaurier half nur der Rückzug hinter die mit feinstem Fliegengitter geschützten Fenster; einige Arten schlüpften aber selbst durch die kleinsten Maschen ins Haus. Tagelang peinigten die juckenden Pusteln.

Begegnungen mit kreuchendem Fußvolk, mit gelben und schwarzen Skorpionen oder gar mit Giftschlangen waren – Allah sei Dank – nicht allzu häufig. Die

Kreuchenden ergriffen die Flucht vor den Menschen und den Erschütterungen durch die Baumaschinen – mit einer Ausnahme: die Kamelspinne.

Die Kamelspinne (*Galeodes arabs*) ist ein beeindruckendes Tier, ausgewachsen so groß wie ein Handteller. In die Enge getrieben, baut sie sich vor dem Gegner auf und geht zum Angriff über. Dass die weibliche Kamelspinne das Männchen verspeist, welches sich ihr in zutraulichster Absicht jedoch zu unpassender Zeit nähert, machte sie uns auch nicht sympathischer. Weltläufige Wüsten- und Dschungelgänger empfahlen, Beißendes und Stechendes per se für ungesund zu halten, aber was die Kamelspinne anging, da waren sich alle einig: Der Biss einer Kamelspinne ist tödlich!

Die einen hatten von einem Landsmann gehört, dessen Freund jemanden gekannt hatte, der nach einem Spinnenbiss auf der Stelle tot umgefallen war. Der Tod hatte ihn also bereits vor dem Umfallen ereilt. Er verschied sozusagen stante pede und ersparte sich damit den schmerzhaften Aufschlag am Boden. Andere hingegen wollten aus todsicherer Quelle erfahren haben, dass nach dem Biss noch ausreichend Zeit zur Abfassung eines Testamentes bliebe, sogar zur Beichte oder zu beidem. Wie zügig auch immer das Ableben tatsächlich vonstattenging, das Ende war unausweichlich!

»Yes, yes, you finish, Mister!«, bestätigten die Einheimischen. »Chalas, Mister!« Chalas ist arabisch und bedeutet in diesem Zusammenhang so viel wie basta oder aus die Maus!

Es kam, was kommen musste! Doch wer hätte gedacht, dass es ausgerechnet Staudacher treffen sollte, den Vermesser, der mit seinen Geräten im schmalen Gepäck stets als Vorhut einsam und alleine in die fernsten Winkel der Welt gereist war und allen Naturgewalten getrotzt hatte. Auf nackter Steppenerde unter dem Sternenhimmel habe er genächtigt, auf permafrostigem Boden sein Zelt aufgeschlagen, erzählte er uns verweichlichten Warmduschern gerne zu später Stunde, unter dem Blätterdach tropischer Dschungel Schutz vor den Unbilden der Natur gesucht und furchtlos ins Auge des Taifuns geblickt.

»Wie oft hat mein Leben nur noch an einer hauchdünnen Liane gehangen? Aber unverdrossen und pflichtbewusst habe ich künftiges Baugelände vermessen und Grenzpflöcke in unberührte Erde gerammt«, deklamierte der Pionier am Abend in geselliger Runde.

Wir lauschten atemlos seinen unglaublichen Geschichten, tranken mit ihm gegen den quälenden Durst in der Wüste Takla Makan an, durchquerten gemeinsam auf dem Rücken von Kamelen unerforschte Weiten, bezwangen im Einbaum tosende Stromschnellen und jagten in den Wäldern Papua-Neuguineas wilde Tiere und Kopfjäger mit der Messlatte in die Flucht.

Nun also Staudacher! Aber so ist das Leben, keiner kennt den Tag und die Stunde. Gott sei Dank – alhamdulillah!

»Der erste Schluck ist gegen den trockenen Hals«, rief Staudacher und setzte das Whiskyglas an den Mund. Am Abend vor seiner letzten Reise hatten sich alle von der Tageshitze Ausgedorrten wie gewohnt in der Bar der Baustelle eingefunden. Die Arbeiten hatten erst unlängst begonnen und noch war die Baustelle eine reine Männerwirtschaft – Monteure und Mechaniker, Schweißer und Schlosser, Richtmeister und Ingenieure, die Leute vom Büro und aus den Lagerhallen und der Staudacher natürlich.

»Auf einem Bein kann man nicht stehen«, sagte ein anderer, und was der Trinkweisheiten mehr sind. Zum Abschied gab es *one for the road*, obwohl ihre Häuschen grad um die Ecke standen, danach *one for the long road*, ein weiteres konnte nicht schaden, zuletzt eine Stärkung *for the long way to Tipperary*!, eines ging dann noch und dann blieb man noch ein Weilchen sitzen.

Gegen Mitternacht – alle hatten bereits lärmend die Bar verlassen – saß Staudacher auf dem Hocker und nahm seinen letzten Schluck! Wie nun der Whisky die Kehle hinunter rann, krabbelte etwas im linken Hosenbein in Gegenrichtung nach oben. An der Wade verspürte Staudacher ein Kratzen, wegen des gebeugten Knies war dem Krabbelnden und Kratzenden der Aufstieg im lichtlosen Tunnel versperrt. Das unbekannte Etwas packte den Staudacher an der Kniekehle und biss zu.

Es tat höllisch weh.

Mit einem Satz sprang er – wie von der Tarantel gestochen – vom Hocker, dann wieder in die Höhe und versuchte verzweifelt, Gürtel und Hose zu öffnen.

Nach diesem rhythmischen Auf und Ab und Hüpfen

und Springen ist die Tarantella benannt, ein Volkstanz im Dreiachteltakt – bei größeren Taranteln bis zu sechs Achtel. Man tanzt ihn gerne in Apulien, nur behalten die Italiener beim Tanzen die Hosen an.

Schließlich fiel die Staudachersche Hose und eine befreite Kamelspinne flüchtete so schnell sie ihre sechs Beine trugen unter den Tresen und konnte so ihr Leben retten.

Nicht so Staudacher!

Das war's dann!, war sein erster Gedanke. Wie hatte es geheißen: Der Tod tritt innerhalb kürzester Zeit durch Atemstillstand ein.

Jetzt geht's über den Tigris!, war der zweite Gedanke, und der dritte: Es trifft immer die Besten!

Dank der schottischen Medizin Gleichmut bewahrend, zog er die Hosen hoch, löschte das Licht und eilte nach Hause – auch in der Wüste sterben die Leut lieber daheim.

Dort ergab er sich in sein Schicksal und legte sich aufs Bett. Zu beichten hatte er nichts. Was auch?! Hatte er doch ein sparsames und gottgefälliges Leben geführt, das Haus abbezahlt, zwei Mädchen gezeugt, während der kurzen Heimaturlaube ein Dutzend Apfelbäumchen gepflanzt, war keiner politischen Partei beigetreten und seiner Frau des Öfteren treu gewesen.

Das Knie pochte, die Schmerzen wurden heftiger, der Kleiderschrank begann, um die Erde zu kreisen.

Das Gift wirkt!, war sein letzter Gedanke, dann entschlief er sanft.

Humpelnd erschien er am nächsten Morgen um sechs in der Bauhütte, mit dick geschwollenem Knie, aber pünktlich wie immer. Vermutlich in der Furcht, die Posaunen des Jüngsten Gerichtes zu überhören, müsse er wohl vor seinem Ableben noch den Wecker gestellt haben, sagte er. Von einer Schwarzen Witwe habe er geträumt – nicht von seiner Witwe, der im Falle sicherlich Untröstlichen –, nein, von einer echten, der tödlichen!

Irgendwelche siebengescheiten Besucher brachten später die Neuigkeit von zu Hause mit, die Kamelspinne könne zwar mit ihren verkeimten Beißwerkzeugen böse Wunden erzeugen, sei aber völlig ungiftig.

»Alhamdulillah!«, riefen wir erleichtert.

DIE ACHTE STORY

Schwarzgeld

Von angebrannten Bratkartoffeln
und einer flambierten Kantine.

Zwölf Tage war ich vom Schwabenland unterwegs gewesen. Kein Ärger an den Grenzen, kein Plattfuß, kein Kratzer am Wagen, nur Dreck aus den durchquerten Ländern, aus jedem Land eine Schicht. 5000 Kilometer auf den Spuren unseres Kegelausflugs im Frühjahr 1975 – gute zwei Jahre war das nun her.

Zweiter Auftrag im Irak. Das Land boomte, brauchte noch mehr Papier, noch mehr Zementsäcke, aber auch Taschentücher und Eierkartons. Gegen Abend erreichte ich das eingezäunte Gelände. Sie erinnern sich an die Informationstafel, an der Staudacher, der Vermesser, zum ersten Mal in den Staub Mesopotamiens getreten war?

Staubig war's immer noch, ein paar verdorrte Salzsträucher säumten die Zufahrt – von wegen grüne Wiese! Die Sonne versank in den Zuckerrohrfeldern, in der hell erleuchteten Schreinerei kreischten die Kreissägen, Verschalungen wurden gezimmert. In den Bürobaracken brannte bereits Licht, so wie auch in einigen der Häuser im angrenzenden Wohnviertel. Unter Flutlicht schachteten die Männer Baugruben aus, seit Monaten schlugen Pfahlrammen von morgens bis abends Betonpfähle in den weichen Boden. Es sah aus wie auf einem Stoppelfeld in Gullivers Reisen. Einige Hallen waren schon bereit, in wenigen Wochen würden wir die ersten Pumpen und Stützen auf die Fundamente heben und mit der Montage der Maschinen, Kessel, Tanks und Rohre beginnen. Dafür würde ich zuständig sein, unterstützt von erfahrenen Montageleuten aller Hautfarben und Dialekte.

So eine Industriebaustelle spricht mit vielen Zungen, zur babylonischen Sprachverwirrung – obwohl im Irak ja naheliegend – kommt es selten, die Arbeit spricht für sich. Auch der Turm von Babylon ist ja nur vorgeblich wegen Sprachproblemen im Rohbau stecken geblieben, glauben Sie mir. Ich habe da meine eigene, auf langjähriger Anschauung beruhende Erklärung, die wenig mit Sprache, aber viel mit Durst und Versorgungsengpässen an Bier und Wein zu tun hat …

Also, auf ein Neues!

Pio, der Campverwalter, überreichte mir den Hausschlüssel, ich kaufte mir Marken für Frühstück, Mittagessen und Abendessen. Ich kannte den Pio und die anderen Kollegen bereits von früheren Besuchen, als ich noch in Basra arbeitete. Im Scheinwerferlicht suchte ich das genannte Haus – alle hundert glichen sich wie eine Dattel der anderen – und entlud das Nötigste für die erste Nacht. Zur Feier der heilen Ankunft öffnete ich eine Flasche Rotwein, einen türkischen roten Kavaklidere. Der folgende Tag war Freitag, Feiertag, die Baustelle durfte ausschlafen.

Um acht Uhr in der Früh schloss ich die Tür hinter mir und freute mich auf ein deftiges Frühstück. Ein fremder Geruch lag in der Luft. Als ich um die Ecke bog, 100 Meter vor der Kantine, roch es bereits nach angebrannten Bratkartoffeln. Vielleicht brannte aber auch das Zuckerrohr?

Wenn es Saddam Hussein nach Großwildjagd gelüstete, zündeten die Leute von der Zuckerfabrik bisweilen einige Felder an. Stand der Wind günstig – für den Diktator –, trieb ihm das Feuer die in den Zuckerrohrfeldern lebenden Wildsauen vor die Flinte. Gegessen haben wird er die unreinen Schweinchen ja wohl nicht. Doch das Thema behandeln wir in der nächsten Stunde.

Aber weder lagen Karamellbonbons in den Zuckerrohrfeldern, noch hatte der Koch die Bratkartoffeln anbrennen lassen. Die Kantine war abgebrannt.

Die linke Hälfte der lang gezogenen Holzbaracke, der Speiseraum samt Küche und die Bar lagen in Schutt und kokelnder Asche; das Getränkelager war zur Gänze verschwunden. Nur der angrenzende Lebensmittelladen mit Kühlraum schien unversehrt, wenn ich von der geschwärzten Fassade absah.

Übernächtigte Gestalten in bunten Schlafanzügen

und Turnschuhen, einige in Gummistiefeln, starrten wortlos in den Schutthaufen: angebrannte Holzbalken, Isolierwolle, verbogene Metallrahmen, die einmal Barhocker und Stühle gewesen sein dürften, zwei verbeulte Kühlschränke, Scherben. Ein dünnes Rauchwölkchen stieg in den wolkenlosen Himmel. Die Schlafanzüge hatten Bierflaschen in der Hand und nahmen von Zeit zu Zeit einen frühen Schluck, manche sichtlich einen späten. Joe, der Magaziner, spritzte geistesabwesend mit einem Gartenschlauch in die Asche, regulierte mit dem Daumen den mageren Wasserstrahl.

Einem bodenlangen weißen Hemd lief ich direkt in die Arme.

Halim, Ingenieur unseres irakischen Kunden, hielt keine Bierflasche in der Hand, sondern eine schwarz gebrannte, metallene Handkasse. Er hatte sie offensichtlich aus der nassen, verklumpten Asche gezogen, dort, wo sich einmal die Bar befunden hatte; nach der donnerstäglichen Wochenendsause musste sich darin ein erkleckliches Bündel an Dinarscheinen befinden.

»You see, Rodolf!«, sagte Halim und fuchtelte mit dem klimpernden Corpus Delicti vor meiner Nase herum

»Yes!«, sagte ich. »I see, eine schwarze Kasse!«

Halim öffnete sie, der Schlüssel steckte noch, das Schloss knirschte.

»Einbruch, Diebstahl, Ali Baba, Rodolf!«, rief er.

In der Tat, keine Dinarscheine, stattdessen geschmolzenes Plastik, rußgeschwärzte Einhundert-Fils-

Münzen, Fünfziger und zwölfeckige Zehner. Asche, keine Scheine! Wer den Fils nicht ehrt, ist des Dinars nicht wert!

»You see, Rodolf?«

»Yes!«, sagte ich, »Black money!« – Schwarzgeld.

Fredy, der Werkstattmeister, verzog keine Miene. Er lehnte an einem der mannshohen Räder des Schaufelladers, der hinter dem Aschehaufen stand. Auch er war im Pyjama. Erschöpft sah er drein. Mit einer Hand stützte er sich auf der Schaufel ab, in der anderen, der rechten, hielt auch er eine Flasche Bier.

Fredy, dem wir in einem späteren Kapitel auf der Sauhatz wieder begegnen werden, war in einem Dorf im Kanton Zürich stellvertretender Feuerwehrkommandant, mindestens. Hier, fern vom heimischen Kanton, schien er der rechte Mann am rechten Ort zur rechten Zeit gewesen zu sein.

»Salü Fredy!«, sagte ich, und zeigte auf die Flasche. »S' Znüni schon um acht?«

Znüni ist das erste Vesper, um neun Uhr, wie der Name sagt, dabei war es erst acht.

»Hüt Nacht hämr d'Kantine flambiert!«, sagte der Kommandant. Kantine mit Betonung auf der ersten Silbe. »Löschen macht Durst!«

Er stellte sein Bier ab, fasste in die Schaufel des Laders, zog eine frische Flasche hervor, setzte den Kronkorken an die Schaufelkante und schlug mit der Faust drauf. Im Tausch gegen das schäumende Bier gab ich ihm meine Frühstücksmarke. Immer ehrlich bleiben – mein ganzes Leben lang habe ich versucht, bei kleineren Beträgen so korrekt wie möglich zu sein.

»Prost!«

Das Frühstücksbier war vorgewärmt, kaltes Bier ist nicht gut auf nüchternen Magen.

»Gegen zwei Uhr bin ich aufgewacht. Ein rötlicher Schein flackerte an der Zimmerdecke. Ich bin in die Stiefel gesprungen und hinaus«, erzählte Fredy und dass einige Kollegen bereits mit Feuerlöschern zugange waren. Aber da sei es für die Kantine längst zu spät gewesen, die Flammen drohten schon auf Getränkelager, Kaufladen und Lebensmittellager überzugreifen.

»Als ob ich es geahnt hätte! Ich hatte ihn hier grad um die Ecke geparkt.« Fredy klopfte an die schwere Schaufel. »Mit dem Lader Bier einkaufen«, sagte er, »das macht man nur einmal im Leben!«

Er war mit dem schweren Gerät quer durch das Gebäude gefahren, zwischen brennender Kantine und Verkaufsraum hindurch, und hatte das Getränkelager mitsamt Inhalt, Regalen, Tischen, Wänden und Decke nach hinten geschoben.

»Hab eine Schneise gezogen wie bei einem Buschbrand.«

Und dann hatte er en gros nicht nur verschiedenste Sorten Bier eingekauft, Khurmana, Ferida Export und Shehrezade, sondern auch Whisky, Wein und Cognac. Allerdings gab es etwas Bruch. In der Schaufel roch es wie in einer Hafenkneipe.

»Mit Schwund muss man rechnen«, sprach der Retter der Flaschen und griff sich noch ein Bier.

Die Feuerwehr aus dem Nachbarstädtchen Mejar al Khabir traf ein. Wer hatte die alarmiert? Wir bedankten uns, die Herren wollten so früh am Morgen noch kein Bier – leuchtende Vorbilder ihrer Zunft!

Die ausgeschlafenen Bewohner des Camps sammelten sich um die eingeäscherte Kantine, zu diesem Zeitpunkt vielleicht 50 Strohwitwer und Junggesellen. Das Frühstück war ja nun verbrannt! Was Mittag und Abend betraf, galt wohl selbst ist der Mann!

Halim lief immer noch mit der Kasse im Kreis herum. »Ali Baba no!«, rief er. Von der Diebstahl-Variante schien er inzwischen abgerückt zu sein. »Zu viel Asche«, versicherte er.

Die viertel, halben, einer, fünfer und zehner Dinarscheine waren wohl verbrannt! Damit war die Sache geklärt: Hatte kein Einbrecher das Geld geklaut und zur Vertuschung Brand gelegt, so blieb nur noch Sabotage! Was sonst?

Zum Verständnis muss ich Ihnen ein Geheimnis anvertrauen – bitte nicht gleich weiter erzählen! In den Diktaturen des Nahen Orients lauerten einst hinter jeder Düne, auf jeder Palme und Tag und Nacht feindliche Agenten, trainiert darauf, den gesetzmäßigen Aufbau und glorreichen Fortschritt des Landes mit allen Mitteln zu verhindern. Wann immer im Irak zum Beispiel etwas schief ging oder daneben, oder gar nicht ging, die Schuldigen wurden augenblicklich benannt. Allerdings nie gefangen, so schlaue Burschen waren das. Denn diese subversiven Elemente wurden von der CIA und den anderen aus der mediterranen Nachbarschaft gedungen, mit allen Wassern gewaschen und falschen Bärten beklebt, dann kletterten sie auf die Palmen, robbten durch die Steppe und fackelten Kantinen ab.

Von selbst konnte sich die Holzbaracke ja nicht entzündet haben, da waren wir ganz auf Freund Halims Seite.

Irakfeindliche Kräfte mussten sich ins Camp eingeschlichen haben, mit Streichhölzern bewaffnet! Ein schmorendes Elektrokabel, Kurzschluss, eine brennende Kerze, eine glimmende Zigarettenkippe – mit solch törichten, an den Haaren herbeigezogenen Hypothesen machten wir uns hoch verdächtig. Ob wir vielleicht jemanden schützen wollten?

Argumentieren war aussichtslos! Mit Verschwörungstheorien und Paranoia muss jeder leben, der im Nahen Osten zu tun hat.

Über die erregte Diskussion zog sich das zweite Löschen in die Länge, man muss auch solche Ereignisse begießen, wie sie fallen, und darüber wird es wohl elf Uhr geworden sein. Warmes Bier macht hungrig!

100 Schritte entfernt befand sich, was einmal die richtige Kantine werden sollte. Die abgebrannte war gottlob nur ein Provisorium gewesen. Das neue Gebäude würde 300 hungrige Gäste aufnehmen, aber bisher standen kaum mehr als die Wände auf der Bodenplatte.

Und siehe da, oben, durch das halb fertige Dach,

stiegen Dampfschwaden empor und aus den fensterlosen Öffnungen tönten Kommandos. Das war unzweifelhaft Linzer, der Koch. In der zukünftigen Küche herrschte Hochbetrieb auf provisorischen Gasöfen, die zwei einheimischen Hilfsköche rührten in den Töpfen.

Wenn jemand an einem solchen Tag kalte Küche erwartet hatte, wenn überhaupt, er hatte nicht mit unserem Koch gerechnet. Auch der Linzer hatte zunächst beim Löschen mit angepackt. Schnell erkannte er die Vergeblichkeit der Bemühungen. Um drei Uhr in der Früh fuhr er auf die weiter südlich liegende Baustelle unserer Firma, zerrte um fünf den Kollegen aus dem Bett und dessen geheiligte Vorräte aus den Kühlräumen. Gemeinsam kochten sie vor. Mit Töpfen, Tiegeln und Pfannen kehrte Linzer schließlich wieder in den Norden zurück und brachte den Magaziner auf Trab: »Wo ist die Kantineneinrichtung? Gemma, gemma! Geschirr und Besteck auspacken! Yellah, yellah!«

Und hätte uns nicht die schwarze Kasse so abgelenkt, hätten wir gewiss die Bauschreiner beim Zusammennageln provisorischer Tische und Bänke gesehen.

Um zwölf Uhr – Tischlein deck dich – stand das Essen vor uns Abgebrannten. Ein Hauch von Picknickfreuden wehte durch die leeren Fenster- und Türöffnungen, Campingromantik unter freiem Himmel, gottlob regnete es im Herbst selten.

DIE NEUNTE STORY

Die Geschichte vom toten Kamel

Vertrauen ist gut, Chicken-Biryani ist besser.

Wir erinnern uns an die zweite Story über den Irak in den Siebzigern: Ingenieure und Facharbeiter wachsen nicht auf den Palmen. Also rief auch der Irak nach Arbeitskräften aus fernen Ländern.

Allerdings rief der Irak nicht selbst in die vier Winde, der irakische Staat ließ rufen. Die Unternehmer aus dem Westen mussten selber tief Luft holen und ihren Ruf erschallen lassen. Unsere Firma rief nach Pakistan, dort gab es unzählige offene Ohren, Heerscharen qualifizierter und hoffnungsvoller Menschen meldeten sich.

Wir wollten auf Nummer sicher gehen. 250 Pakistaner befragten und testeten unsere Meister in einer Werkstatt in Karatschi, sie ließen sie zur Probe schweißen, feilen und schlossern. In kleinen Gruppen reisten die Rekrutierten nach und nach aus dem Fünfstromland ins Zweistromland – Facharbeiter, Vorarbeiter, Ingenieure. Wir beauftragten einen pakistanischen Unternehmer, sich um seine Landsleute zu kümmern. Er war zuständig für deren Unterkunft, Transport, Wäscherei und nicht zuletzt für die Verpflegung, Neudeutsch Catering. Das traute sich der Linzer nun doch nicht zu: Eine Gemeinschaftsküche für abendländische Feinschmecker und rechtgläubige Schleckermäuler mit all ihren Tabus und *halals* und Vorschriften für die reine Kost.

Die Montage kam in Schwung. Eine Weile übertönten der Lärm der Pfahlrammen und das Dröhnen der Presslufthämmer das Grummeln unter den Pakistanern. Unerwartet betrat unser pakistanischer Röntgenfachmann eines Morgens mein Büro. Der Röntger durchleuchtete nicht unsere Fettlebern, sondern die Schweißnähte, ein wichtiger Mann. Nacht für Nacht zog er mit seinen Assistenten auf die Gerüste und prüfte die Kesselnähte und Hochdruckrohre. Eine verantwortungsvolle Aufgabe!

Er trank einen Tee und erzählte mir, dem Greenhorn, im gurgelnden Englisch seiner Heimat die endlose Geschichte vom toten Kamel – das ist die orientalisch blumige Version derer vom toten Pferd! Ich hörte ihm geduldig zu – freilich! –, ich verstand auch, was er sagte – natürlich! –, hatte aber nach dem dritten Glas Tee immer noch keine Ahnung, was er meinte. Ob er Mängel an den Schweißnähten festgestellt habe?

»No, no – all very good!«

Ja, aber, was denn nun?

Es braucht halt seine Zeit, zu begreifen, dass Menschen aus diesem Kulturkreis nicht mit der Tür ins Haus fallen, nie und nimmer ohne Umschweife zur Sache kommen. Also kreiste die farbige Erzählung des Röntgers so fern um sein Anliegen wie Neptun um die Sonne. Von meinem Schreibtisch aus hätte ich, der Ungeübte, das Problem ohne Fernrohr gar nicht gesehen, geschweige denn erkannt.

Meine entnervte Frage, »My friend, please, what do you want?«, verstand wiederum er nicht, nicht nur, weil sie wirklich unhöflich direkt war, sondern weil doch seine Rede klar war wie Hühnerbrühe.

Klare Hühnerbrühe wird er nicht gesagt haben – die Pakistaner essen gebundene Geflügelsuppen –, aber er sprach von *clear* und dabei dachte ich sofort an Hühnerbrühe. Erstmals schwante mir, er könne vier Teegläser lang vom Essen geredet haben.

Das Essen sei nicht ausreichend! Na endlich!

Nicht nur der Röntger fand den Weg ins Baubüro, ein Parlamentär der pakistanischen Vorarbeiter trank zur selben Zeit seinen Tee bei Stöff. Stöff war einer der beiden Baukaufleute. Nach dem Gespräch kam er zu mir rüber: »Ich habe überhaupt nicht verstanden, was der wollte!«

Na also! Ich war nicht allein!

»Aber mich dünkt«, fuhr der Stöff fort, »als sei bei den Pakistanern etwas am Köcheln!«

Immerhin nahe dran, ganz warm! Ich klärte ihn auf.

Der Kaufmann fand, fürs Kochen sei die Technik zuständig, das sei doch klar.

Wir luden den Küchenunternehmer zum Gespräch, er schwor – ich nehme an, beim Barte des Propheten – , dass seine Kantine es mit jedem Dreisternerestaurant zwischen Karatschi und Peschawar aufnehmen könne.

Es änderte sich nichts! Das Murren in Urdu, Panjabi und Englisch nahm zu, je nach Wortschatz verstanden die europäischen Kollegen, das Essen sei nicht gut, nicht ausreichend, lausig. So konnte es nicht weitergehen.

Stöff und ich entschlossen uns, die pakistanischen Töpfe und Tiegel selbst in Augenschein zu nehmen – ich als Schwabe die Quantität, er als Schweizer die Qualität. Das sage ich jetzt, weil es die Schweizer sicher *gfreut*!

Am späten Vormittag, kurz vor dem Ansturm, drangen wir durch eine Wolke von Currygeruch in den Speisesaal ein – »da müssen wir durch, Stöff!« –, setzten uns und baten um das Tagesessen, Reis mit Huhn in roter Zwiebelsoße.

»Huhn gibt es täglich«, sagte der Koch stolz.

Warmes Fladenbrot lag bereits auf dem Tisch, dazu Butter! Wissen Sie, wie frisches Fladenbrot duftet? Wissen Sie, wie frisches Fladenbrot mit Butter schmeckt? Dann kam das Essen. Was soll ich lange um das heiße Chicken-Biryani herumreden – wo wir nun schon mal da waren, nahmen wir einen Nachschlag! Der Koch kam an den Tisch, freute sich.

Mittlerweile trafen die ersten hungrigen Arbeiter ein.

Auch sie langten zu, Beilagen, Reis, Gemüse genug für jedermann. Nur war auf ihren Tellern kein Huhn zu sehen, auch kein Hühnerklein, allenfalls Hühnerkleinklein, hie und da ein Knöchelchen, ein Füßchen, ein Bürzelchen.

Wir kamen ins Gespräch. Es stellte sich heraus, dass die Küchenverwaltung ein irakisches Huhn auf zwölf Personen rechnete. Was sag ich Huhn, Zwergwachteln im Kindesalter waren das – nein, Kolibris nicht, das würden Sie mir nicht abnehmen!

Unsere selbstlose Razzia führte zu einem ganz neuen Verhältnis von Mensch zu Geflügel. Der Cateringmanager verdoppelte den Hühnereinsatz, nun seien alle zufrieden, versicherte er.

»Gentlemen, vertrauen Sie mir!«

Vertrauen ist gut, aber einmal im Monat gingen der Stöff und ich ausgiebig Chicken-Biryani kontrollieren. Biryani satt!

DIE ZEHNTE STORY

Wildschweinjagd in Mesopotamien

Das Schwein führt seinen Namen mit Recht,
denn es ist ein sehr unreinliches Tier.

Johann Georg August Galletti (1750-1828), Professor in Gotha

Das Schwein gilt dem gläubigen Muselmanen a priori als unrein, ob sauber oder dreckig, ob paniert oder in Gestalt einer Nürnberger Bratwurst, ob Nacken oder Hals, ob als Schnitzel oder Rollbraten, ob mit gewaschenem Hals oder ungewaschenem – Rücken, Bauch und Innereien, Haxen und Pfoten, alles unrein. Ebenso unrein sind schuppenlose Fische, Alkohol und Straßenköter und auch dem Ungläubigen helfen weder Wurzelbürste noch Kernseife, weder Juchten noch Lavendel, unrein bleibt unrein.

Unzählige Schweine der wilden Art tummelten sich in den von Euphrat und Tigris gespeisten mesopotamischen Sümpfen, an deren Rande in Richtung iranische Grenze unsere Baustelle lag. Dank der religiösen Speisevorschriften durften die Sauen nicht gegessen werden, wurden also auch nicht bejagt. So lebten sie wie im Paradies, waren fruchtbar und mehrten sich.

Längs der Fernstraße von Bagdad nach Basra wurde auf endlosen künstlich bewässerten Feldern Zuckerrohr angebaut. Der Rückstand aus der Zuckerproduktion sollte dereinst in der Fabrik zu Papier werden. Doch wenn das hoch aufragende Rohr saftig und süß zu werden begann, zogen die Schweine für einige Monate aus dem Schwemmland ins Schlaraffenland zum Zuckerschlecken, zertrampelten die kunstvoll angelegten Bewässerungskanäle, suhlten sich auf den gefluteten, schlammigen Wegen, kurzum: Die Wildschweinrotten waren eine rechte Plage.

Die Idee zur Wildsaujagd hatte unser Werkstattmeister, der Fredy. Er ist Schweizer wie die Mehrheit in unserer Kolonie und in seinem Heimatdorf im Kanton Zürich der größte unter den Jägern. Der Fredy lud jedermann in die Bar am Swimmingpool und erläuterte seine Jagdpläne. Damit ihm aber nicht nur die versammelten Landsleute, sondern auch die Sauschwaben aus dem *Grossen Kanton* folgen konnten, sprach er ausnahmsweise *Hauchdeutsch*.

»Loset!«, sagte der Fredy. »Erstens, die Sauen in den Zuckerrohrplantagen zerpflügen das Bewässerungssystem, oddr?«

»Loset«, fuhr er fort, »ich bin mir sicher, dass es die Manager von der Zuckerfabrik nur freut, wenn mir auf d'Saujagd gehen, oddr?«

»Fredix und Obelix!«, tönte es von hinten.

»Drittens: Möget ihr lieber Wildsau-G'schnetzeltes? Oder Schweinsfilettopf à la crème? Mit Rösti oder Härdöpfelstock? Ja? Also, loset: Wenn mir alle kräftig zulangen, ist das Wildsauproblem im Umaluaga gässe und vom Tisch!«, schloss der Fredy seine lange Rede, »oddr?«

Zur Vermeidung babylonischer Sprachverwirrung hierzu einige Erläuterungen: Mit Sauschwaben sind nicht nur die Spätzlesesser aus dem Ländle gemeint, sondern alle im *Grossen Kanton* lebenden Deutschen – die Bezeichnung Sauschwab ist übrigens nicht ausschließlich böse gemeint. Härdöpfelstock ist Kartoffelpüree und *im Umaluaga gässe* heißt so viel wie *ruck, zuck verspeist.*

Das wildsaugeschnetzelte Argument überzeugte. Nicht, dass es in unserer Baustellenkantine und in den Familienküchen jahraus, jahrein nur Hammel, Huhn und Ziege gegeben hätte, aber Schweinefleisch gab es im Irak eben nicht. So eine knusprige Schweinshaxe auf dem Teller! Für den guten Zweck! Im Laufe des Abends schlossen sich dem Fredy ein Dutzend Jäger an, auch einige Sauschwaben – ihrem Namen verpflichtet – und langsam glitten die Gespräche vom Hauchdeutschen ins Jägerlateinische.

Am nächsten Tag fuhr der Meister durch die Zuckerrohrfelder, vorbei an der Zuckerfabrik, ins Städtchen Mejar al Khabir zum streng geheimen Büro der Geheimpolizei. Er ließ sich melden, wurde freundlich empfangen und trug bei süßem Tee seinen Plan zur Rettung der irakischen Zuckerindustrie vor. Man solle sich geheimpolizeilicherseits einmal Tee ohne Zucker vorstellen, sagte der Fredy, die Herren könnten ja wohl am besten ermessen, was es für das arabische Volk bedeute, wenn der Löffel nicht mehr im Teeglas stehen bliebe! Das bedeute Umsturz, Revolution, Anarchie! Die Geheimen erschauderten bei dem Gedanken an ungesüßten Tee, aber nun sei ja Hilfe aus Suissra gekommen – alhamdulillah!

Telefonisch befragten sie die Chefitäten der Zuckerfabrik. Diese waren Feuer und Flamme und bedankten sich auch gleich für die Einladung zur Jagderöffnung: Jagen ja, Essen nein! Die Geheimdienstler brauchte der Fredy nicht gesondert einzuladen, die Herren waren sowieso immer und überall und ungefragt dabei. Kurzum, er bekam freie Wildbahn und noch einen Abschiedstee mit einem Löffel Zucker extra.

Die Freunde schwärmten zur Waffensuche aus wie 20 Jahre später die UN-Waffeninspektoren. Im Gegensatz zur UN wurden die Unsrigen jedoch fündig und erstanden im Basar der Hafenstadt Basra ein großkalibriges Gewehr, hoch betagt, nebst passender Munition. Die Vereinigten Nationen hätten bloß in Fredys Heimatdorf anzurufen brauchen!

Das Prachtstück erregte beim Feierabendbier allseits Bewunderung, hinsichtlich der historischen Zuordnung wurden sich die Gutachter indes nicht einig. Von einem kostbaren Relikt aus der Blütezeit osmanischer Herrschaft war die Rede, die Waffe sei geradezu archetypisch für die Leibgarde Süleymans des Prächtigen.

»Ach wat, det Trumm hat Lawrence von Arabien ins Schilf geschmissen, als er hier auf seinem Raddampfer vorbeidampfte, 1916, in geheimer Mission!«, sagte ein Hochdeutscher, »det wes doch jeda!« Aber das hat man nicht gern, wenn einer so gescheit ist!

Ein anderer hatte auch ein Buch gelesen und schrieb die Waffe Sindbad dem Seefahrer zu, aber da war es schon recht spät am Abend.

Vom Probeschießen in den Sümpfen kehrten die Jäger mit Blutergüssen an Brust und Schulter zurück, ansonsten unverletzt.

Bei dem in Basra gekauften Schießprügel handele es sich um einen sogenannten Elefantentöter, erzählten die Schützen. Der Einwand, es gebe keine Elefanten im Irak, wurde mit einem »Ebba drum!« beiseite gewischt. Für die schwere Waffe brauche es nun ein Trägersystem, erklärten die bei der Artillerie geschulten Kanoniere, die Gefahr von Schlüsselbeinbrüchen durch den mächtigen Rückstoß werde man bei der Konstruktion allerdings besonders berücksichtigen müssen.

Mit diesen technischen Vorgaben verwandelte sich die Baustellenwerkstatt in eine schweizerische Waffenschmiede, freilich nur des Nachts, bei Tag war ja anderes zu tun. Zum Einsatz kam die geballte Erfahrung von Fachleuten, gewohnt, an jedem noch so fernen Ort der

Welt jede nur erdenkliche Arbeit im Handumdrehen zu erledigen, mit Bordmitteln, wie man sagte. Es wurde gefräst und gehobelt, dass die Späne flogen, gehämmert und gedreht, geschwitzt und geschweißt und eines frühen Morgens rollte der erste der zwei umgerüsteten Pritschenwagen (sogenannte Pick-ups) vors Werkstatttor. Quer über die Ladefläche spannte sich auf Brusthöhe ein kräftiger Stahlträger, darauf der Elefantentöter, nach hinten, seitwärts, oben und unten schwenkbar gelagert. Zwei Stoßdämpfer aus einem verschrotteten Pkw sorgten für den Schutz gegen den fürchterlichen Rückstoß.

»Sieht aus wie ein Schützenwagen für marodierende somalische Wüstenbanden«, bemerkte ein Barbesucher am Abend, offenkundig kein Freund des edlen Waidwerkes, ein Miesmacher eben, vermutlich Pazifist oder sogar Vegetarier.

Der zweite Wagen war mit gepolsterten Sitzbänken für Jagdgäste ausgestattet; auf die Fahrerkabine hatten die Baustellenelektriker eine Flutlichtanlage montiert, mit der sie den Fußballplatz von Mejar hätten ausleuchten können.

Auf, auf zum fröhlichen Jagen – endlich, Horrido! Auszug aus Mejar al Khabir in abendlicher Dämmerung. Voran der Fredy, auf seinem vierrädrigen Streitwagen thronend wie Alexander der Große in der siegreichen Schlacht bei Gaugamela – drei-drei-eins. Auf dem zweiten Wagen folgten die Zuckermanager, die geheimen

Jagdaufseher und geladene Gäste. Für das leibliche Wohl der Jagdgesellschaft war bestens gesorgt mit Büchsenbier der Marke Shehrezade – welch lieblicher Name für eine unreine Sache! Auch die moslemischen Gäste der Landpartie durften ungestraft den Verlockungen Shehrezades erliegen, denn der Irak war seinerzeit ein säkularer Staat und den Mullahs der Blick in Flaschen und Krüge verwehrt. Bald herrschte auf den Jagdwagen eine Stimmung wie am Vatertag, und einer wilden Sau auf Augenhöhe zu begegnen, war dank der Hochsitze ja nicht zu befürchten.

Immer weiter in das Labyrinth der Fahrwege und Kanäle hinein ging die wilde verwegene Jagd. Vor einer Kreuzung riefen die Herren von der Plantage »Halt«, die Wagen gingen in Gefechtsstellung, die Scheinwerfer an …

»Ruhe, Gopfried Stutz!«

Nur noch das Knacken und Zischen der Bierdosen zerbrach die Stille der subtropischen Nacht. Treiber waren nicht vorgesehen und wegen der Shehrezade auch nicht vonnöten. Eine Sau lief ins grelle Rampenlicht, Geschützdonner dröhnte über das Zweistromland – Sau tot! Ersparen wir uns die Schilderung blutiger Einzelheiten und der Plackerei beim Aufladen des in der Tat recht unreinlichen Tieres. Zuckerrohr ist eine nahrhafte Speise, und so war das Wildschwein gut im Futter gewesen, ein Schwarzkittel XXL sozusagen. Nach der triumphalen Rückkehr in das Wohncamp wurde ein Kranführer aus dem Tiefschlaf gerissen, ein Fünfzigtonner-Autokran von der Baustelle abgezogen, die zentnerschwere Beute am Kranhaken aufgehängt, aufgebrochen, ausgeweidet und in einen der Kühlcontainer gehoben, grad neben die Vorräte der Kantinenküche.

Ein letzter Frühstücksschluck aus der Büchse. »Es fängt schon an zu tagen, es ist die höchste Zeit!«, riefen die Jäger und eilten an ihr Tagwerk, ohne Rast und ohne Ruh.

Wohingegen die Sau ruhen konnte, im Küchencontainer, wochenlang. Das Fleisch war letztlich gut abgehangen, denn die Jägersleut hatten im Jagdfieber ein Problem verdrängt und das hieß *Trichinella spiralis*. In der Sau ist der Wurm drin, nicht immer, man kann es nicht wissen.

Bevor wir also über leckeres Rahmgeschnetzeltes reden, ein paar Worte zum Auffrischen der Kenntnisse: Trichinella spiralis ist ein parasitärer Fadenwurm. Der Wurm gelangt bei Genuss von, sagen wir mal, trichinösem Schweinegeschnetzeltem in den Darm des ahnungslosen Gourmets, wird dort – ruck, zuck – geschlechtsreif, bohrt sich in die Darmwand und gebärt tausend Larven – grosso modo. Die tausend Larven werden über die Blutgefäße in die Muskeln gespült und so führt Rahmgeschnetzeltes zum baldigen Tod – selbiges gilt auch für Schweinsbraten mit Knödeln.

Ein Fleischbeschauer musste her. Die Jäger klopften an der Baustellenschule an: Ob sich der studierte Herr Lehrer nicht vielleicht während seines kommenden Heimaturlaubes schlaumachen könne? Trotz der äußerst despektierlichen Formulierung willigte der ein, machte sich zu Hause mit der Materie im Schweinsgalopp vertraut, schleppte Mikroskop und sonstige Gerätschaften zur Baustelle und beschaute fürderhin Zwerchfelle und Muskelproben der wöchentlich anwachsenden Strecke, wie es in der Jägersprache heißt. Waren sie ohne Befund, enthielten sie also keine Würmer, gab der Veterinär das Wildbret zum menschlichen Verzehr frei. Im anderen Fall bewiesen die Funde immerhin, dass sich der Herr Lehrer schlaugemacht hatte.

Der menschliche Verzehr begann, sagen wir mal, an einem Samstagabend: Die Nachbarn hatten zu Tisch gebeten, die Anita kochte und der Stöff servierte Wildschwein-Voressen mit Polenta. Beim Alfons und der Ursula gab es am Sonntag Schweinefiletspieß mit Knöpfli. Meine Frau lud am Montag eine so hungrige wie durstige Monteurtruppe zu Schweinsgulasch mit Spätzle ein. Am Dienstagabend reichte Milada aus Böhmen Schweinebraten mit Kraut und Knödeln. Am Mittwoch stand in der Kantine Schweinsfilettopf à la crème mit Rösti auf der Karte, abends weihte der Franz den Räucherofen ein und veredelte die hintere und vordere Sau zu geräuchertem Schinken. Am Donnerstag brieten die italienischen Kollegen Schweinskoteletten nach Mailänderart. Am Freitag, dem Feiertag, brutzelten bei uns Schweinebacken in der Pfanne, dazu dicke Bohnen, dasselbe aufgewärmt am Abend.

Das waren die ersten sieben Tage der kulinarischen

Wildwochen und wäre es nach den Jägern gegangen, so würden sie gut und gerne sieben Wochen, sieben Monate – ach was! – sieben fette Jahre lang der Jagd nach den Borstenviechern gefrönt haben. Sieben weitere Jahre hätte dann der Bau der Fabrik gedauert! Das wäre unter Umständen zu Hause in der Firma aufgefallen, aber es kam ohnehin anders. Schon nach den ersten Wochen flaute die Begeisterung bei den Campbewohnern merklich ab, bald stellte sich ein gewisses Gefühl der Sättigung ein. »S'gnüegelet«, sagten die Schweizer, das kommt von genug. Sagen wir es auf Hochdeutsch: Den Leuten hing das Schweinerne zum Hals heraus. Die Nachtjäger blieben immer länger auf ihrer fetten Beute sitzen, bildlich gesprochen und eines Morgens wurde der Küchencontainer wegen Überfüllung geschlossen.

»Jagd aus, die Jagd aus, das Jagen ist zu Ende! Halali!«

Jagdfrieden kehrte zurück in das biblische Land zwischen den Strömen, die Schweinchen führten wieder ein ungestörtes *dolce vita*. Traurig rüstete der Fredy die Jagdwagen ab, ölte die Kanone ein und hängte sie an den Nagel. Da hängt sie wohl noch immer, rechts hinter der Meisterbude.

Heut sitzt der Großwildjäger gern im Rebstock, daheim im Dorf. Dort lauscht atemlos der Stammtisch den Geschichten aus dem fernen Morgenland. Von der harten Arbeit rund um die Uhr erzählt der Fredy, vom quälenden Durst unter sengender Sonne, vom kargen Leben und knurrendem Magen. Von nächtlicher Nahrungssuche in grundlosen Sümpfen, vom Geheimdienst verfolgt, von Stunden vergeblichen Wartens auf dem Ansitz, die Büchse stets im Anschlag, von versteckten Waffenlagern erfahren die Zecher und von den Tausendundeinen erlegten Keilern mit gigantischen Eckzähnen.

»Loset, Ihr Ungläubigen«, sagt der Fredy und breitet die Arme aus, »die hatten Hauer, so groß wie Elefantenstoßzähne, oddr!«

DIE ELFTE STORY

Raclette im Irak

Laut Erhebung der eidgenössischen Milchwirtschaft verzehren der Schweizer und die Schweizerin jeden Winter 203 Tonnen Raclette und 174 Tonnen Fondue.

Es war Winter in den mesopotamischen Sümpfen. Nicht dass in den Teestuben die Wasserpfeifen eingefroren wären, aber zu Arbeitsbeginn in der Früh war manch einer froh über die sommers so lästigen Schutzhandschuhe und Sicherheitsstiefel.

Das Ende der Hitze erfreute jedoch nicht jedermann. Die Kollegen aus der Schweiz litten, sie litten unsäglich. Die sinkenden Temperaturen und langen Winterabende weckten ein kollektives Gelüst. Nicht was Sie denken, wo denken Sie hin? Nicht dergleichen Begehren trieb die Ärmsten um, sondern die ihrer Schweizer Natur gemäßen *Glüschte* nach Raclettebrutzeln und Käsefondue.

Schafskäse gab es in jedem Dorfladen zu kaufen. Aber Schafskäse mag keinen Hüttenzauber. Wird es ihm zu warm, beginnt er zu bröseln und weigert sich standhaft zu schmelzen. Bereits geschmolzener Käse war auch im Angebot. Aber Schmelzkäse würde ein Käseliebhaber allerhöchstens auf einen undichten Autokühler schmieren, wenn weder Kaugummi noch Brot zur Hand sind. Dies nur als Hinweis, falls Ihr Kühler bei einer Fahrt durch die Wüste lecken sollte!

Der irakische Staat musste von den kulinarischen Nöten der Schweizer erfahren haben, seine Behörden sorgten sich um uns. Eines Wintertages hielt unser Kaufmann die vor Urzeiten beantragte Einfuhrgenehmigung für Lebensmittel in Händen. Der Kantinenkoch vernahm die Kunde, verlor darob fast den Verstand und wollte auf der Stelle seine Tausend nach Fischmehl duftenden Hühner den Schakalen zum Fraße vorwerfen, das Wasserbüffelfleisch gleich noch hinterher. Wir beruhigten ihn mit einem Cognac.

»Das sind keine Hühner«, stöhnte er, »das sind fliegende Fische!«

»Los!«, sagte Alfons, der Kaufmann. Los heißt *hör zu.*

»Los, sobald der Kühlwagen vor der Kantine steht, kannst du die *Güggeli* in den Tigris schmeißen, aber das kann noch Monate dauern. Mach erst mal eine Einkaufsliste!«

Ein Weinkrampf erschütterte den braven Koch, er wollte nochmals beruhigt werden. Dann setzte er sich an seinen Küchentisch und begann, eine lange, lange Liste zu schreiben, und schrieb und schrieb.

Die unter Käseentzug leidenden Monteure hatten

denselben auch schon gerochen, wurden im Baubüro vorstellig, forderten einen eigenen 20-Fuß-Container voll Käse, und wenn die Spedition schon mal dabei sei, ein paar dazu passende Fläschchen Fendant oder Dôle. Aber nicht nur die Schweizer, auch die Österreicher, die Italiener und letztlich die ganze europäische Kolonie wollte *Chäs us dr Schwiz.*

Die Dame Ursula, Graubündner Herkunft und entsprechenden Sachverstandes, wurde zur Käsebeauftragten ernannt und entwarf eine Bestellliste.

Wer kennt die Zahl, wer nennt die Namen, von Appenzeller bis Zürcher Ratsherrnkäse, jede Käserei hat ihre Geheimnisse, jedes Tal, jede Alm eine Spezialität, Käse aus der Hütte und der Höhle, vom Berg und vom Schaf, vom Bauern, von der Kuh und von der Ziege. Schweren Herzens traf sie eine Vorauswahl, vergaß auch den Raclettekäse und die Fertigmischungen fürs Fondue nicht.

Die Liste machte die Runde im Camp.

»Das ist die Gelegenheit ...!«

»Wer weiß, wann wir wieder mal ...!«

»Jetzt schlagen wir zu ...!«

Hungrige soll man nicht in den Käseladen schicken!

Die Ursula überarbeitete die Bestellungen, musste aufrunden. Einen viertel, halben oder dreiviertel Käselaib kann man nicht zum Bahnhof rollen und wer verkauft schon angeschnittene Rechtecke und verstümmelte Dreiecke?

Die Monate gingen ins biblische Land, der Kühltransporter mit Zürcher Nummer erreichte die Baustelle im Juli, die käselose schreckliche Zeit hatte ein Ende.

Es folgten zwei Tage der langen Messer. Zum Einfrieren geeigneter Käse füllte die Truhen, aber der verbleibende Berg musste eilends abgetragen werden, bevor er unter der brütenden Sonne schmelzen und bis nach Saudi-Arabien laufen konnte.

Alle packten selbstlos mit an – wie bei der Wildschweinschwemme. Am Samstag gab es Raclette bei Anita und Stöff. Wo hatte er bloß den Raclette-Ofen her? Claudias Sonntags-Kässpätzle konkurrierten mit den Tiroler-Kasnocken am Montag. Am Dienstag floss das Fondue bei Alfons und Ursula wie von selbst, am Mittwoch aßen wir Walliser Käsekartoffeln, ich weiß nicht mehr bei wem.

»Kommt doch heute Abend zu einem Glas Wein!«, sagte jemand und höchste Gefahr für die Linie drohte. Kein Abend ohne zahnstochergespießte Käsewürfel, das Gratinieren griff epidemisch um sich. Ein Spaßvogel kreierte ein Gericht namens Iraklette und damit wollen wir es auch gut sein lassen.

DIE ZWÖLFTE STORY

Der dritte Mann in Bagdad

Bei ihren Gelagen spielt man Zither und Harfe ...

Prophet Jesaja 5,12

Darum möge unser Herr [...] befehlen, einen Mann zu suchen, der die Zither zu spielen versteht.

Erstes Buch Samuel 16,16

Der Bau der zweiten Papierfabrik im Süden des Iraks am Ufer des Tigris ging voran. Vom Keller bis unters Dach wurde geschweißt und geschraubt, wenn es sein musste, auch mal bei Nacht; das Land brauchte dringend Zementsäcke, Eierkartons und Tissue, gewöhnlich Klopapier genannt.

Tagsüber schmorten wir unter der sengenden Sonne und abends zogen wir uns nach ein paar Runden im Schwimmbad und einem kurzen Bier an der Bar in unsere gekühlten Häuschen zurück, sprachen von der Arbeit und der Hitze, lasen ein Buch, studierten die vergilbte Heimatzeitung oder lauschten dem an- und abschwellenden Empfang der Deutschen Welle.

Allwöchentlich gab es eine Hockete in der Bar. Hockete ist schwäbisch und kommt von Hocken; ein

Gelage ist das Gleiche, nur dass halt die Zecher nicht hocken. Zwei Kollegen, der Alfred und der Martin, hockten beisammen, schimpften über die Hitze und die Arbeit, und über das seichte Gedudel im Hintergrund kamen sie aufs Musizieren zu sprechen. Geige spiele er, erklärte der Martin und es ergab sich, dass der Alfred die Zither zu spielen verstand, so wie es geschrieben steht.

»So ein Zufall!«, sagte der Martin, aber der Bibelkenner weiß es besser.

»Ja, da mach' mer doch zusammen eine rechte Musik!«

»Hausmusik!«

»Stubenmusik!«

»Stubenmusik am Swimmingpool!«

Der Martin hatte in jungen Jahren im Sinfonieorchester gespielt, der Alfred mit seiner Zither sogar im Trachtenverein. Der eine kam aus Oberfranken und der andere aus Niederbayern. Die Wege des Herrn sind unerforschlich!

Er bevorzuge das Volkstümliche, sagte der Alfred, alpenländisches Liedgut, einen Ländler, einen Zwiefacher, heimatliche Musik eben. Der Martin war mehr im wohltemperierten Fach zu Hause, aber die Temperierung, die sei kein Problem nicht, sagten die Bayern, trotz der Hitze.

Der Einfall mit der Volksmusik, zu später Stunde in der Bar geboren, überlebte die Nacht – das war schon außergewöhnlich! –, die biblische Verheißung nahm ihren Lauf und noch ehe der Alfred und der Martin sich versahen, hatte die Hand der Vorsehung nach ihnen gegriffen und bediente sich ihrer als Werkzeug. Darauf muss jedermann gefasst sein, keiner weiß die Stunde, urplötzlich kann diese Hand zupacken, selbst in finsterster Nacht, im Genick oder sonst wo! Durch Alfred und Martin würde sich die Weissagung des Jesaja erfüllen – wenn auch nur ganz knapp, denn eine Geige ist keine Harfe.

Um ein Gelage vorauszusagen, bedurfte es keines Propheten, das konnte jeder.

Die Werkzeuge trugen nun einen Namen, jetzt fehlten nur noch die Instrumente! Die Fidel für den Martin war im Handumdrehen beschafft, eine Zither hingegen konnten wir nicht auftreiben. Das überraschte uns, hatten doch bereits die Sumerer, Assyrer und Babylonier eifrig die Zither gespielt. Und nicht nur die, auch Harfen, Flöten, Lauten, Trommeln und Trompeten. Solche waren in Ur in Chaldäa ausgegraben worden, grad um die Ecke, wo Abraham geboren wurde – 2500 Jahre alt und bestens erhalten. Eineinhalb Jahrtausende später griff König David in die Saiten der Zither, die Altvorderen schlugen dazu die Zimbeln und bliesen die Hörner und nun, unzählige Generationen von Musikern später, war keine Zither zu finden!? Vielleicht hätten wir nicht auf den Basaren suchen, sondern nur an den Ufern der babylonischen Flüsse buddeln sollen?

So musste die Musik halt noch etwas warten, der Alfred

flog kurz darauf auf Urlaub nach Hause, nach Bayern. Als der vorüber war, kaufte er die nachbarlichen Metzgereien leer, packte die eingeschweißten Weißwürste in den Koffer und vergaß über den süßen Senf auch seine Zither nicht.

Der Großmut der Zöllner am Flughafen von Bagdad kannte keine Grenzen in diesen fernen Tagen. Alle Augen drückten sie zu, wenn wir mit Sack und Pack anrückten, wohl auf höhere Weisung. Maschinen- und Ersatzteile, mit denen man leicht eine zweite Fabrik hätte bauen können, die Jahresproduktion deutscher Wurstfabriken schleppten wir in den Irak und so durfte der Alfred erwarten, dass die Einfuhr einer alpenländischen Zither keine größeren zolltechnischen Probleme aufwerfen würde.

Er legte seine Koffer auf den halbhohen Tisch vor dem Zoll, auch den schweren mit der Wurst, öffnete den Deckel, den Zitherkoffer stellte er daneben. Was denn da drin sei, fragte der Zöllner.

»Eine Zither!«

»Eine was?«

Alfred öffnete den Instrumentenkoffer.

»Oh, very nice!« sagte der Zöllner, »Du machst Musik?«

»Yes, yes!«

Alfred glaubte nun die Sache erledigt, wuchtete den Wurstkoffer, die Zither und die anderen Siebensachen zurück auf den Gepäckwagen und schob ihn in Richtung Ausgang zu den ungeduldig hinter der trennenden

Glaswand wartenden Kollegen, vorbei an dem freundlichen Zöllner.

»Mister, please! Schweija, schweija!«, sagte der, hob den linken Arm und wippte mit der nach oben gedrehten Hand.

Schweija ist Arabisch, das lockere Wippen aus dem Handgelenk ebenfalls. Wort und Geste haben dieselbe fließende Bedeutung. Sie reicht von *Nu mal langsam mit den jungen Pferden* oder *Nur net hudeln* bis zu *Halt stopp*, alles Redewendungen, die für das tägliche Zusammenleben in Arabien von eminenter Wichtigkeit sind. Im nahöstlichen Straßenverkehr sorgt diese Handbewegung für ausgewogene Überlebenschancen. Selten genug kommt es vor, dass ein Orientreisender ohne deren akzentfreie Beherrschung wenig mehr als ein Stündchen ohne Schreikrampf übersteht!

Deshalb: Handzeichen üben, üben und nochmals üben!

Der Zöllner sagte also »schweija, schweija!«, wippte mit der Hand und wies auf einen Plastikstuhl am Ende der Halle. Da solle er mal Platz nehmen, »please!«, mit seinem Gepäck und warten – »chamsa dakika!«

Das ist nun schon wieder Arabisch! Chamsa heißt fünf und dakika Minuten, also fünf Minuten – sollte man meinen. Aber das wäre eine grob vereinfachende Übersetzung. Präzise bedeuten diese zwei Worte: demnächst, in Bälde, über kurz oder lang. Überhaupt: Wer zählt schon die Minuten in einem Land mit fünftausendjähriger Geschichte?

Alfred natürlich!

Da saß er nun, mehr als chamsa dakika, eine Stunde, wie es ihm schien, inmitten des lärmenden Flughafenbetriebes, dem Klacken der Kofferverschlüsse, dem Quietschen der Kofferkulis. Hinter der Glaswand feixten die Kollegen und deuteten auf ihre Uhren. Einen Tee bekam er serviert, immerhin, Kapitalverbrecher bekommen keinen Tee.

Als sich der Lärm gelegt hatte und nur noch der Alfred einsam in der mächtigen Halle bei seinen Koffern saß, schlenderten die fünf Zöllner zu ihm, setzten sich auf den Zolltisch und sagten: »Please, Mister, make you music!«

Da nahm der Alfred den Zitherring aus dem Geldbeutel, legte die Zither auf seine Knie und spielte … ja was denn?

Da da da da daa – dadamm, ja was denn sonst? Da da da da daa – dadamm, das Harry-Lime-Thema von Anton Karas, die Filmmusik aus dem *Dritten Mann*, Harry Limes Flucht in die Wiener Abwasserkanäle. So kam der dritte Mann nach Bagdad und die bayerische Zither kehrte heim zu ihren Ahnen. Großer Applaus von diesseits und Dacapo-Rufe von jenseits der Glaswand. Als Zugabe spielte der Alfred noch die Bayernhymne *Gott mit dir, du Land der Bayern*, dann durfte er einpacken. »Thank you, Mister, welcome to Irak!«

Am Donnerstag stieg der Heimatabend, Freitag ist Feiertag, da kann man ausschlafen. Alle waren da, die Wanderarbeiter, die es braucht, eine Fabrik zu bauen: Monteure und Ingenieure, Kaufleute und Mechaniker, Meister und Poliere, wenige Glückliche mit Ehefrau. Millionen schrillender Zikaden saßen bereits in den Tamarisken rund um den Pool, auch die Sandflöhe erwarteten uns und bissen in Fußgelenke und Hüften.

Die Weißwürst gab's, mit richtigem Senf und irakisches Bier, Ferida Export, grad, wie es sich für ein biblisches Gelage gehört.

Der Martin und der Alfred stimmten die Instrumente, und bevor es richtig losgeht mit der Musik und dem Gelage, sollen noch einmal die Psalmen sprechen:

Preist den Herrn mit der Zither, [...]
Singt ihm ein neues Lied, / greift voll in die Saiten
und jubelt laut!

So taten wir denn wie verheißen und priesen den Herrn Alfred mit der Zither, bejubelten laut die Würste, den Senf und den Stehgeiger Martin, gedachten auch der Heller und der vielen Batzen – alle von der Steuer befreit! In der Dämmerung lagen wir vor Madagaskar und dort schlug auch das Wetter um, über allen Höhen pfiff der Wind so kalt – o du schöner Westerwald! Die Bergvagabunden begannen zu frösteln, da griff der Alfred richtig voll in die Saiten: »Wenn's bayrisch Bier regnet und Bratwürstl schneit, dann bitt ich den Herrgott, dass's Wetter so bleibt – holladihi ha holladio, holladi hussassa, holladio! «

Als die Grillen zu später Stunde verstummten, da lauschte der Alfred in die feuchtheiße Nacht und fragte: »Hörst du La Montanara, die Berge, sie grüßen dich, hörst du mein Echo schallen und leise verhallen …«

Da glühten die Alpen über den mesopotamischen Sümpfen und wärmten die Herzen. Der Martin ließ die Geige weinen und gar manches der g'standenen Mannsbilder wischte sich heimlich übers Gesicht – heiß war's!

DIE DREIZEHNTE STORY

Im Kalabusch

Der Joe und ich wurden eingesperrt.
»Endlich!«, sagten die, die unseren wahren
Charakter kannten.

Der Irak unter Saddam Hussein war ein sicheres Land – freilich nicht für jedermann! Die Bäuerin brauchte um ihren Hühnerhof kaum zu fürchten. Dank der allgegenwärtigen Sicherheitskräfte – uniformiert, in Zivil oder ganz geheim – wurden kleine Eierdiebe und gewöhnliche Übeltäter in der Regel schnell geschnappt und mussten lange hinter Gittern schmoren. Das hatte sich bald unter den Spitzbuben und Spitzmädchen herumgesprochen und so konnten Saddams Untertanen ihre Haus- und Hoftüren getrost offen lassen. Indes empfahl es sich dringend, den Mund zwischen den Mahlzeiten geschlossen zu halten. Während die kleinen Eierdiebe einsaßen, saßen die großen Eierdiebe in Bagdad an der Macht und sorgten dafür, dass Untertanen, die ihren Mund aufmachten für etwas anderes als, sagen wir mal

Huhn mit Reis, ebenfalls dauerhaft saßen – im Knast, im Kalabusch.

Ebenso wanderten in den Kalabusch Leute, die keine Eier geklaut, aber fahrlässig gegen die Gesetze des Landes verstoßen hatten – solche wie der Joe und ich. Genau genommen konnte vom Wandern oder gar des Müllers Lust nicht die Rede sein. Abtransportiert wurden der Joe und ich auf dem Rücksitz eines offenen Militärjeeps, bewacht von zwei finsteren Uniformierten.

Der Spuk begann nach der Mittagspause. Sie verhafteten uns von der Baustelle weg und brachten uns ins nahe gelegene Städtchen Mejar al Khabir, ins Gerichtsgebäude.

Wir konnten uns keinen Reim darauf machen, uns war auch nicht nach Dichten zumute. Auch unserem irakischen Buchhalter Abu Said nicht, den wir als Übersetzer und Beistand mitnahmen.

Wir wurden vor Gericht gestellt, durften aber sitzen, was nicht auf ein baldiges Ende des Strafprozesses hoffen ließ. Das hohe Gericht war eher sparsam besetzt: Der Richter, zwei Wachleute und ein Teaboy. Letzterer stellte die Öffentlichkeit her.

Ja, ich sei der Verantwortliche für die Montage der Fabrik, sagte ich dem Richter – der Buchhalter übersetzte – und der da, das sei der Josef, der Chef des Werkzeugmagazins. Nach der Feststellung der Personalien klärte uns der Richter endlich auf: Die zuständigen Authorities hätten zwei Paar Walkie-Talkies im Büroschrank des Mister Josef entdeckt und beschlagnahmt, letzte Nacht.

Daher wehte der Wüstenwind! Die Sprechfunkgeräte hatte der Joe vor einer halben Ewigkeit in Bagdad durch den Zoll geschmuggelt, sie waren längst vergessen.

»Herr Richter«, sagte ich ungefragt, »die Walkie-Talkies liegen seit einem Jahr unbenutzt im Magazin! Die brauchten unsere Monteure gerade mal zwei Tage lang beim Heben der Kesseltrommeln mit dem Kran. Stellen Sie sich vor, da bugsieren die Arbeiter in 50 Meter Höhe die tonnenschweren Trommeln ins Gerüst und der Kranführer sitzt unten in der Kabine und sieht nicht, was oben vor sich geht.«

Der Richter bestellte Tee für die Runde.

»Funkgeräte sind in unserem Land verboten!«

»Aber, Euer Ehren, die Reichweite beträgt höchstens 500 Meter!«

Der Richter hob die Augenbrauen, sichtlich hatten mich meine profunden spionagetechnischen Kenntnisse noch verdächtiger gemacht.

Es entstand eine Pause. Der Tee wurde serviert.

Wir seien keine Spione – für wen denn? – und unsere eigene Fabrik würden wir schließlich am besten kennen, wir würden uns doch nicht selber ausspionieren. All das wollte ich noch sagen, doch während Abu Said zum zweiten Mal mit Händen und Füßen das lebensgefährliche Abenteuer einer Kesselmontage ohne Funk schilderte, sprach der Richter bereits das Urteil. Abu Said unterbrach die Montagearbeiten und übersetzte:

sechs Monate Gefängnis wegen Besitzes illegaler Funksprechgeräte. Er kam darüber ins Stottern, fragte fassungslos zurück.

»Ja, sechs Monate!«

Das Gerichtsverfahren hatte wohl zehn Minuten gedauert, hätten wir nicht endlose fünf Minuten auf den Tee warten müssen, man hätte fast von einem Schnellverfahren sprechen können.

»Chalas!«, sagte der Richter, das heißt basta, ab in den Knast, in den Kalabusch.

Wir wurden abgeführt und ins Gefängnis geworfen. So sagt man halt, tatsächlich durften wir nun doch noch wandern, allerdings nur ein paar Schritte, grad über den Gerichtshof.

Der Kalabusch in Mejar al Khabir war ein Betonkasten von etwa sechs Meter Länge, so um die fünf Meter breit, die Vorderseite versperrt mit Gitterstäben wie bei Hagenbeck. Durch die kleine, mit Kette und Hängeschloss gesicherte Stahltür in der Mitte des Käfigs, betraten wir das Gefängnis. Es war gut belegt. Wären den Häschern 40 Räuber in die Hände gefallen und nicht zwei Meisterspione, es wäre eng geworden.

Die erste halbe Stunde blieb ich stehen, ich weigerte mich, die Lage zur Kenntnis zu nehmen. Mister Josef passte sich schneller an, kauerte sich auf den Betonboden mit dem Rücken zur Wand, womit auch schon das Mobiliar beschrieben wäre. Als ich endlich einsah, wie sinnlos das Herumstehen war, setzte ich mich neben ihn.

Die mit Arabisch- und Englischbrocken geführte Unterhaltung mit unseren zwei Dutzend Mitgefangenen ergab, dass es sich um einen bunten Haufen von Verkehrsrowdys, Hühnerdieben, Mördern, Schwarzfischern und Unschuldigen handelte. Einige mussten nur noch ein paar Wochen absitzen, einer hatte 15 Jahre vor sich. Was waren da sechs Monate!?

Mit arabischer Gastfreundlichkeit wurden wir in die Gemeinschaft aufgenommen, einer der Nebensitzer reichte mir eine Gurke. Als ich zubeißen wollte, rief ein anderer »schweija, schweija!« und kramte unter seiner Wolldecke. Ein Papiertütchen kam zum Vorschein – Salz für die Gurke.

Warme Luft zog durch das Gitter, Spätsommer, draußen lärmten die Zikaden, es war später Nachmittag.

Mittlerweile hatte sich unser Fall diesseits des Tigris herumgesprochen. Ein Schweizer und ein Deutscher im Kalabusch, das kam nicht alle Tage vor. Die Baustellenkantine brachte einen Korb mit Essen, meine Frau durfte bei der Wache eine Kühltasche mit Getränken abgeben. Das ist so üblich in den Gefängnissen in diesem Teil der Welt, so erspart sich der Staat die Unterhaltskosten; wehe dem Knacki ohne Verwandte.

Die Lieferungen wurden inspiziert: Wasser und Brot, kaltes Huhn und bunte Saftdosen.

Als die Nacht hereinbrach, fassten die Organe von Polizei und Justiz von Mejar al Khabir einen Entschluss: Ein angrenzendes Büro der Polizei wurde geräumt, wir wurden aus der geschlossenen Gesellschaft ausquartiert.

Der Joe ertrug die Situation mit stoischer Ruhe, kein Wunder, war er doch von Beruf Dieselmonteur.

Dazu muss man wissen, dass die Dieselaggregate unserer Firma auch der Stromversorgung von entlegenen Pumpstationen und Siedlungen in Wüste und Dschungel dienten, fernab aller Kneipen und Telefonzellen. Die Firma schickte die Maschine hin und den Monteur hinterher. Ganz allein auf sich gestellt, machte der sich an die Arbeit, und wenn er nach zwei Monaten den Schalter umlegte und das Licht brannte, fuhr er wieder nach Hause. Nichts für gesellige oder geschwätzige Naturen!

Der Joe, Junggeselle geblieben und über die Jahre wohl auch etwas eigenbrötlerisch geworden, war nun nicht mehr der Jüngste und so hatte die Firma dem erfahrenen Mann die Verwaltung des Magazins unserer Baustelle übertragen.

An Schlaf war nicht zu denken. Wer weiß, was die bekanntlich zu wilden Verschwörungstheorien neigenden irakischen Behörden alles aushecken würden? So erzählten wir uns halt kleine Geschichten: Der Joe schilderte seinen Tagesablauf im Magazin. Weil er den Laden in Ordnung hielt, seine pakistanischen Helfer ihre Sache verstanden, blieb ihm reichlich Zeit, seinen Gedanken über Allah, die Welt und seine lieben Mitmenschen nachzuhängen.

»Wenn ich«, sagte der Joe, »morgens um sechs das Magazin aufmache und die Ersten betrachte, die unausgeschlafen hereinmarschieren und, statt ihre Arbeit vorzuplanen, lauter überflüssiges Zeug reden, vom Saufen und von den Weibern, die es nicht hat, wenn die also nach einer halben Stunde mit ihren Bohrern, Schleifmaschinen und Schweißelektroden endlich auf dem Weg zu ihrer Arbeit sind, dann denke ich mir, ein Viertel der Leute sind doch rechte Schafseckel.«

Dem Nichtschweizer sei erklärt, dass ein Schafseckel ein Kamerad ist, mit dem man nur ungern vier Wochen im Zweimannzelt urlauben möchte!

»Dann kommt gegen zehn der nächste Schub«, erzählte der Joe weiter, »das sind großteils die Schwätzer, die um sechs die wichtigsten Werkzeuge vergessen haben und nun dies und das und jenes brauchen, aber subito. Die Maschine baumelt schon am Kranhaken über dem Fundament. Um halb zwölf kommen wieder welche, verlangen eine Schleifscheibe, wollen aber bloß einen Plausch halten bis zum Mittag und stehlen mir die Zeit. Beim Essen, sage ich zu mir, Joe, sage ich, deine erste Schätzung war zu tief gegriffen, die Hälfte sind Schafseckel. So geht das dann den ganzen Nachmittag weiter. Um sechs mache ich den Laden dicht, dann steige ich auf mein Moped und fahre heim. Wenn ich unter der Dusche stehe, denke ich mir: Joe, es sind drei Viertel, mindestens drei Viertel der Menschheit sind doch rechte Schafseckel! Am nächsten Morgen fange ich wieder bei null an, aber das Resultat ist jeden Feierabend dasselbe!«

Während der Joe so erzählte, bekamen wir Durst. Die farbenprächtigen Saftbüchsen entpuppten sich als verkleidetes Dosenbier. In schweren Stunden ist einfach

Verlass auf meine Frau, obwohl, mit Verlaub, das Bier etwas kühler hätte sein dürfen. Trotzdem wurde es noch recht kommod und wie der Joe so über unsere Lage sinnierte, dämmerte ihm die Wahrheit: Seit einiger Zeit lag er mit einem seiner vier pakistanischen Lagerhelfer über Kreuz oder – besser gesagt – über den Halbmond. Der Helfer musste wohl, wie sich später auch bestätigte, aus Rache mit der Walkie-Talkie-Information zur Geheimpolizei gelaufen sein. Arg weit hatte er ja seinerzeit nicht laufen müssen.

Am nächsten Morgen, der Muezzin rief zum zweiten Gebet, wurden wir verladen, in der Provinzhauptstadt einem Offizier der Sicherheitspolizei mit Sternen wie am Firmament vorgeführt und aufs Neue verhört, höflich, korrekt und mit viel Tee. Dann brachten sie uns auf die Baustelle zurück und wir machten uns wieder an die Arbeit. Die Pässe wurden einbehalten, wir durften den Irak nicht verlassen, hatten uns den Authorities zur Verfügung zu halten – den Autoritäten, welch trefflicher Name.

Da waren nun den wackeren irakischen Schlapphüten zwei dicke Fische ins Netz gegangen, in der Wüste, wenn dieses Bild erlaubt ist. Wo zwei Fische sind, ist vielleicht ein ganzer Schwarm, mögen sie sich gesagt haben. Gerüchte über vertrauliche Befragungen unserer einheimischen Angestellten und über heimliche Hausdurchsuchungen machten die Runde.

Und siehe da: Volltreffer, 150 potenzielle Spione. Im

Irak seien Radiogeräte mit Empfangsfrequenz über 106 Megahertz verboten, erfuhren wir von den Geheimen.

Jedes handelsübliche UKW-Gerät empfängt bis 108 Megahertz, fast jeder Campbewohner hatte einen dieser Radio-Kassettenrekorder. Die Bauleitung wurde aufgefordert, umgehend alle verdächtigen Radios auszuhändigen. Bei etwas gutem Willen unsererseits könne man unter Umständen von einer Razzia absehen, versicherten uns die mit der Spionageabwehr befassten Autoritäten. Die Geräte würden fachmännisch untersucht, den nationalen Vorschriften angepasst und – keine Sorge – den Besitzern in Kürze zurückgegeben.

Die bevorstehende Beschlagnahme und besonders das Wort *anpassen* lösten Panik aus. Schließlich dienten die Apparate nicht nur dem Empfang der Kurzwellennachrichten, sondern auch und vor allem dem Abspielen heimatlicher Musikkassetten.

In finsterer Nacht schwärmten die ganz Misstrauischen aus und vergruben ihr Wertvollstes hinter dem Haus oder sonst wo in der Wüste – wie die Bauern im Dreißigjährigen Krieg. Da der eine oder andere kurz darauf seine Arbeit abschloss und heimreiste, bevor er unauffällig den Schatz hätte heben können, ruht sicherlich noch heute manch Radio in der historisch so reichen irakischen Erde.

Ich sehe ihn vor mir, in einer fernen Zukunft, den in Gedanken versunkenen Archäologen, in der Linken ein Rollsiegel aus dem Hause Nebukadnezar und in der rechten Hand einen Kassettenrekorder aus Japan.

Der durch die Vergrabungsaktionen geschrumpfte Bestand an Geräten wurde von der Geheimpolizei eingesammelt und geheimdienstlich behandelt. Nach dem Eingriff waren sie in der Tat zur Spionage nicht mehr geeignet, sie waren verstummt und empfingen gar kein Hertz mehr, geschweige denn feindliche Nachrichten.

Die zwei dicken Deutsch-Schweizer Fische schrumpften nach sechs langen Monaten der Recherche auf Aquariumsgröße, um im Bild zu bleiben. Wir erhielten unsere Pässe zurück. Der eigens für die kleine Zeremonie auf der Baustelle erschienene oberste Geheime pries uns als beispielhafte Ehrenmänner, versicherte uns, im Grunde habe man nie auch nur einen Wimpernschlag lang an unserer Rechtschaffenheit gezweifelt. Von Anbeginn dieses Missverständnisses, welches die Authorities zutiefst bedauerten, sei man überzeugt gewesen, dass solche Lichtgestalten wie der Mister Josef und ich nie und nimmer hätten ein Wässerchen trüben können. Irgendwie war mir das nun auch wieder nicht recht, aber ich hätte mir nie erlaubt, den Autoritäten zu widersprechen!

Der erste Mai kam, der Tag der Arbeit. Um der mesopotamischen Welt kundzutun, dass die beiden Ausländer rehabilitiert waren, mussten wir an der Maidemonstration in Mejar al Khabir teilnehmen. An vorderster Front marschierten wir Knastbrüder mit unseren blütenweißen Westen nach arabischer Sitte Händchen haltend mit dem Chef der Geheimpolizei und dem Gewerkschaftsführer.

Das mit dem Händchenhalten sprach sich in Windeseile auf der Baustelle herum, aber der Joe und ich, wir wussten ja, was von unseren Mitmenschen zu halten ist!

Kurze Zeit darauf flogen Töchterchen und Mutter wieder einmal nach Hause. Eines Tages hörte meine Frau auf dem Spielplatz, wie die Nathalie mit ihrem großartigen Vater auftrumpfte. »Aber mein Papi«, verkündete sie dem staunenden Publikum, »mein Papi, der war schon im Gefängnis!«

DIE VIERZEHNTE STORY

Spiel mit dem Untergang

I am sailing, I am sailing,
Home again 'cross the sea.
I am sailing, stormy waters …
Rod Stewart

Sommer 1980. Ich war unterwegs von Bagdad nach Basra zu unserer Baustelle, aber nicht als Segler auf dem Tigris mit der Hand an der Pinne, sondern mit beiden Händen am Steuer meines Wagens. Ich versuchte, auf der Fernstraße Kurs zu halten. In der brüllenden Hitze schmolz der Asphalt dahin wie Butter, Abertausend Lastwagen kneteten den sandigen Untergrund, die Straße schlug hohe Wellen und zum Auf und Ab tönte Rod Stewarts Reibeisenstimme vom Band. Ich hatte nur noch diese eine Kassette – Händel, Abba und die Piaf hatten die klebrige Hitze nicht ertragen und sich selbst erdrosselt.

Auf der Fahrt übers Land nahm ich gerne Anhalter mit, zwei Polizisten winkten an der Ausfallstraße von Kut, aber nicht mit der Kelle. Sie brauchten einen Transport und im Bus war es nicht halb so bequem wie in einem gut gekühlten Pkw.

Die Stadt Kut liegt etwa zwei Stunden südlich von Bagdad und wäre nicht weiter erwähnenswert, hätten nicht die Briten dort 1916 in der Schlacht von Kut al Amarah, wie es seinerzeit hieß, eine ihrer größten militärischen Niederlagen im Ersten Weltkrieg erlitten. Sie wurden von den osmanischen Truppen geschlagen und gefangen gesetzt. Das konnte das militärische Oberkommando keineswegs dulden und versuchte sich mit einem Kuhhandel der besonderen Art. Oder soll ich sagen Kamelhandel?

Lawrence von Arabien, der Berühmte, wurde mit dem Raddampfer von Basra flussaufwärts gesandt, um die 13000 Landsleute aus der Hand des Siegers Khalil Pascha freizukaufen. Lawrence bot eine Million Goldsovereigns. Das wird ein schöner Batzen Geld gewesen sein. Der Pascha hätte die Million gerne genommen, noch lieber deren zwei, wurde aber von seinem deutschfreundlichen Onkel – die Deutschen waren bekanntlich die Verbündeten der Osmanen – am Handel gehindert und so musste Lawrence unverrichteter Dinge wieder stromabwärts dampfen.

Die Uniformierten stiegen ein: »Salam!«

»Alamanij – na' am!«, bestätigte ich auf Nachfrage – ja, Deutscher.

»Almaanya kullu tamam!« Deutschland sehr gut!

Deutschland ist sehr angesehen in der arabischen

Welt, auch in Iran und in anderen Ländern im Mittleren Osten. Das freut den Gast und Reisenden! Wer jedoch hinhört, merkt leider schnell, dass wir nicht nur gemocht werden, weil wir so wundervolle Menschen und geniale Autobauer sind, sondern auch wegen unserer dunkelbraunen Vergangenheit.

Ob die Herren Polizisten auch ein Bierchen wollten, fragte ich und verwies auf die Kühltasche hinter dem Sitz mit lokalem Bier – Ferida Export.

»La, la, Mister!«, meinte die Polizei. La heißt nein, birra sei musien, schlecht, aber sie nahmen dann doch eins. Freundliche Leute, die Iraker.

Unsere Schiffsschaukel schwankte gen Süden. Der Chevy Impala Station Wagon war gebaut für glatte amerikanische Straßen und nicht als Wüstenschiff auf Rod Stewarts *stormy waters*.

Die Polizisten tranken ein zweites Bier gegen die Seekrankheit.

Natürlich sollte der Steuermann nur Wasser trinken, einen gültigen irakischen Führerschein hatte ich auch nicht, aber sonst war alles in Ordnung.

Die hiesigen Behörden erkannten den deutschen Führerschein an, ich hätte ihn nur umschreiben lassen müssen. Aber niemand hatte mich je nach irgendwelchen Papieren gefragt, so ersparte ich mir die schweißtreibende Expedition durch den Behördendschungel.

Ganz so einfach konnten es sich die jugoslawischen Monteure auf unserer Baustelle in Basra nicht machen. Titos Führerscheine galten nicht im sozialistischen Bruderland. Warum wussten nur die babylonischen Götter und der Halbgott Saddam.

Ich erinnere mich an fünf junge Vorarbeiter. Sie hatten ihre ersparten jugoslawischen Dinare und die erschwitzten irakischen Dinare zusammengelegt und einen betagten Volkswagen gekauft. Sei es nun, dass sie in ihrer spärlichen Freizeit zu den schiitischen Pilgerstätten in Najaf und Kerbela wallfahren wollten, die Ruinen von Ninive besuchen oder vielleicht die Nachtbars in Bagdad. Führerscheine mussten her!

Über ihre einheimischen Arbeitskollegen beschafften sie sich bunte Lehrbücher in englischer Sprache, setzten sich auf einen nassen Lappen und büffelten die Gesetze. Geschadet hat das Studium der Verkehrsregeln ihnen nicht. Bei der theoretischen Prüfung in der Polizeistation von Basra – beim alten Zoll links – stand allerdings nur der Dolmetscher Rede und Antwort, er machte sich nicht die Mühe, die Fragen zu übersetzen. Aber bestanden ist bestanden!

Nun schnell zur praktischen Prüfung:

Einmal kurz durch die engen Gassen von Basra, dachten sie. Für Rallyepiloten aus den Schluchten des Balkans ein Kinderspiel!

Die Polizei erläuterte den Kandidaten den Prüfungsablauf. In die Stadt müssten sie nicht.

»Nein, wozu denn?«

Hier vor dem Büro sollten sie rückwärts eine Acht fahren.

»Jawohl rückwärts, im Krebsgang.«

Eine arabische Acht sieht so aus:

٨

Aber diese Acht war nicht gemeint, sondern die Ziffer, die der Westen arabische Acht nennt, also die indisch-arabische Ziffer mit den zwei Ringen.

Hier zum Üben die arabischen Ziffern:

١٢٣٤٥٦٧٨٩٠

Statt der Null machen die Araber einen Punkt, so:

٠

Araber und Perser schreiben die Texte von rechts nach links, aber die Zahlen von links nach rechts. Geheimnisvoller Orient!

Nach der Belehrung ging's hinaus vor die Polizeistation. Auf dem geteerten Platz war die besagte Acht als weiße Doppelspur aufgemalt, etwas breiter als ein Auto. Diese zwei Schleifen sollten sie nun mit ihrem Käfer im Rückwärtsgang durchfahren, ohne die Begrenzungslinien zu berühren.

Die Fahrertür, übrigens, die dürften sie gerne offen lassen, für den Blick nach hinten.

»Und Freunde«, sagten die Polizisten, »lasst Euch Zeit, immer schön langsam – schweija, schweija!« Dazu machten sie die passende, dem Leser bereits vertraute Handbewegung.

Die Kameraden aus Bosnien und Kroatien und Milan, der stolze Serbe, blickten auf die Achterbahn, große Heiterkeit machte sich breit, das sei doch ein Klacks. Die Basraner Polizisten lachten aus Höflichkeit mit und wären nicht so schreckliche Zeiten über den Irak gekommen, sie würden heute noch lachen.

Milan setzte sich in den Käfer, linke Tür auf, legte den Rückwärtsgang ein, umrundete den ersten Kreis, stieß in den zweiten vor und nach einer Viertelumdrehung fuhr er über den Außenstrich – aus!

Das war mehr als eine Acht, das war eine Neun.

Der Josip schaffte nach einigem Vor und Zurück immerhin eine Fünf, der Trpko holte sich eine glatte Sechs, es fielen weiters durch der Radoslav und der Abdulah, alle Fünfe.

Der Abdulah blieb gleich hinter dem Steuer sitzen, legte knirschend den Vorwärtsgang ein, die Geschlagenen traten den Rückzug an – ohne Fahrausweis, wie sie gekommen waren. Wer je balkanische Flüche übersetzt hat, glaubt nicht mehr an das Gute im Manne.

Auf den noch leeren Schilflagerplatz der Fabrik – später würde hier das Rohmaterial für die Papierherstellung aufgetürmt – malten sie eine Acht aus Kalkmilch und ließen den Käfer vom Feierabend bis tief in die Nacht schnurren, die Fahrertür auf. Nun sind die Zahnrädchen eines Rückwärtsganges nicht für nächtelangen Betrieb, sondern höchstens für ein paar Stündchen berechnet. Ein Ritzel nach dem anderen lief heiß, passender Ersatz musste im Basar von Basra gesucht, erhandelt und dann eingebaut werden.

Nach zwei Wochen rückten sie wieder an, in Basra beim alten Zoll links. Großes Gelächter, große Wiedersehensfreude, dann fuhren die Fünf den Bogenachter rückwärts so elegant wie Marika Kilius und Hans-Jürgen Bäumler bei den Olympischen Winterspielen, erhielten ihre Fahrausweise und kehrten triumphierend auf die Baustelle zurück.

Meine zwei Fahrgäste waren unterdessen eingeschlafen, trotz der rauschenden Klimaanlage, vielleicht wegen der vier Biere.

Ein Kleinlaster überholte, auf die Ladefläche gebundene Jungkamele ignorierten uns mit hochmütigem Blick. Von achtern schmetterten die Trompeten, der zugehörige Omnibus zog vorbei, auf dem Dach kauerten vom Fahrtwind zerzauste Schafe. Nach einer halben Ewigkeit scherte der Bus abrupt nach rechts, setzte sich schwankend einen halben Meter vor uns; er hatte es geschafft, die Schafe wiegten die Köpfe.

Mit brüllendem Horn kam ein Tankwagen entgegen, donnerte vorbei. Der Hupton fiel um eine halbe

Oktave, schlagartig wurde es finster. Wir waren in die Abgaswolke des Busses eingetaucht.

Die östliche der zwei Hauptstraßen, die das südliche Schwemmland umfassten, führte am Tigris entlang und lag großteils auf einem künstlichen Damm, ein bis zwei Meter über bewässerten Feldern, Kanälen und nacktem Lehmboden. Schwere Lastwagen hatten über weite Strecken hinweg tiefe Längsrillen in den Asphalt gewalkt. Wie Straßenbahnschienen hielten sie die Fahrzeuge in der Spur. Wer aus den Fahrrillen ausbrechen wollte, tat gut daran, die aussterbende Kunst des Steilwandfahrens zu beherrschen, eine weiland sehr beliebte Jahrmarktsattraktion.

Wir fuhren noch immer hinter dem rauchenden Bus; wie ein Komet zog er einen schwarzen Schweif hinter sich her. Trotz geschlossener Fenster füllte sich unser Fahrzeug mit den Abgasen. Abbremsen und Zurückfallen wären keine gute Idee, wir würden alsbald von einem noch größeren Stinker überholt und in die nächste Abgasfahne eingehüllt werden. Die Bronchien kratzten, ich entschloss mich zum Äußersten und setzte an zum großen Sprung. Wider besseren Wissens, denn vor dem Bus würde ein Kamellaster rauchen, einer mit Ziegen oder ein mit Melonen überladener Transporter. Ein seitlicher Blick nach vorne war nicht möglich, einerseits wegen der tiefschwarzen Wolke, andererseits hätte hierfür ja bereits die Spur gewechselt werden müssen. Vorsichtig setzte ich die Vorderräder an die linke Rillenwand, erreichte den Grat, der Wagen sprang mit einem Satz aus der Spur, holperte nach links und nun fuhren wir in den Rillen der Gegenfahrbahn, es wurde hell, die Strecke war frei.

Kam in einer solchen Situation jedoch ein Fahrzeug entgegen, dann spielten beide Fahrer das Spiel mit dem Untergang, auch *chicken game* genannt, in der Spieltheorie als Feiglingsspiel beschrieben. Wer auf die steinige Standspur auswich, hatte verloren. Und falls dort schon einer stand, musste der Verlierer runter vom Fahrdamm und bergab. Kiesel spritzten nach allen Seiten, prasselten gegen das Bodenblech. Jetzt um Himmels Willen nicht bremsen, Gas geben und bergauf und schon war er wieder auf dem Damm, wie man so sagt. Das passierte alle 100 Kilometer einmal, bisweilen alle 50. Wichen beide in letzter Sekunde aus, gab es zwei tote Verlierer, wich keiner aus, zwei tote Gewinner. Gedenken wir ihrer Seelen und lassen Rod Stewarts wohl berühmtestes Lied ausklingen:

We are sailing stormy waters,
To be near you, to be free.
Oh Lord, to be near you, to be free.

Der Lord lässt es im Sommer nicht regnen. Irak, das Land des ewigen Sonnenscheins, behauptete mutig die Touristikreklame. Leider endete die Ewigkeit alle Jahre wieder im späten Herbst und der Regen verwandelte zeitweilig ganz Mesopotamien in einen abgrundtiefen Sumpf. Musste nach einem Regenguss ein Fahrer runter von der Straße, dann schlitterte er zunächst wie im Sommer über die Standspur in die Tiefebene. Aber statt mit Schwung auf die Straße zurückzukehren, pflügte sich der Unglückliche geradeaus durch den Schlick, als führe er von der Deichkrone ins friesische Wattenmeer. Hatte sich der Motorraum von unten bis zur Haube mit Schlamm gefüllt, kam das Fahrzeug zum Stillstand. Den Schlamm mit der Zähigkeit von Spätzlesteig musste der Fahrer zunächst mit den Händen grob herausschaufeln, dann die einzelnen Gerätschaften wie Filter, Vergaser, Verteiler und was dergleichen Nützliches mehr aus der Schlammpackung auftauchte, sorgfältig freilegen und reinigen. Es empfahl sich, vor dem Verlassen des Wagens zumindest Schuhe und Socken auszuziehen. Kehrte unterdessen die Sonne zurück, trocknete das Gelände bisweilen recht schnell, oft war der Boden schon nach wenigen Stunden wieder befahrbar und die Rückfahrt auf den Straßendamm gelang, falls der Motor anlief, was auch vorkam.

Nach endlosem Schaukeln tauchte Amarah auf, die Hauptstadt der Provinz Misan.

Wir überquerten die Brücke über den nach Osten fließenden Tigris, in der flirrenden Hitze schwebende Palmen markierten das Ufer des Flusses – eine *Foto Morgana*, wie ein Kollege sagte. Bei der Abzweigung nach Mejar al Khabir drängelte ein dunkelgrüner Landrover in die Kolonne, querte rücksichtslos die Straße und brachte die wilde Jagd zum Stillstand.

An dieser Stelle lade ich den Leser ein zu einer Betrachtung über den alltäglichen nahöstlichen Straßenkampf.

Die Grundszene: Zwei Fahrzeuge treffen an einer Kreuzung aufeinander, also noch nicht wirklich, sie bremsen erst einmal leicht ab.

Nun haben die Fahrer eine halbe Sekunde Zeit für folgende Bruchrechnung: In den jeweiligen Zähler kommen Geschwindigkeit, Größe und Gewicht des Fahrzeugs, Lautstärke der Hupe und Charakterstärke des Fahrers. Das Ganze wird multipliziert mit landesspezifischen Kennziffern wie Farbe der Karosserie, Status der Insassen, um nur zwei zu nennen. Militärgrüne Fahrzeuge haben einen hohen Stellenwert, ebenso uniformierte Fahrer und Beifahrer sowie auf der Rückbank sitzende Silber- oder Goldlamettaträger. Nun dividieren die Kontrahenten das Resultat durch das geschätzte Alter des gegnerischen Fahrzeuges. Je kleiner der Nenner, desto größer das Ergebnis – Verzeihung, das wussten Sie selbst!

Die halbe Sekunde ist um, der Fahrer mit der höheren Zahl braust davon, bis zur nächsten Kreuzung.

Zwar verschwinden bei Nacht naturgemäß einige Faktoren aus der Gleichung – das Lametta der Insassen zum Beispiel –, es kommen aber neue hinzu, wie die Anzahl der funktionierenden Scheinwerfer und Rücklichter und anderes. Oft ergeben sich auch Gleichungen mit mehreren Unbekannten, aber das ist noch nicht dran. Der Okzident kann viel vom Orient lernen, schließlich waren es die Araber, die uns die Mathematik brachten.

Der vorstehend in ganz groben Zügen beschriebene Ablauf sorgt im darwinschen Sinne dafür, dass gewiefte Kopfrechner und starke Charaktere früher zu Hause sind und sich rascher fortpflanzen können.

Bisweilen entzieht sich allerdings das Verhalten der Kombattanten mathematischer Logik. Dann hilft ein Blick in die Zoologie:

Zur Erhaltung der Art lassen es viele Tiere in freier Wildbahn erst gar nicht auf einen Kampf ankommen, sondern begnügen sich mit Drohgebärden und ritualisierten Scheinkämpfen. Beispiele hierfür sind die Rangordnungskämpfe der heimischen Heidschnucken, afrikanischer Nashörner und indischer Hutaffen. Überwiegend handelt es sich dabei um die männlichen Vertreter ihrer Gattung, es kann aber sein, dass ich mich täusche.

Falls nun aber die Fahrzeuge doch aufeinandertreffen, hat die Schuldfrage mit der tatsächlichen Schuld ebenso wenig zu tun wie das Fahrverhalten mit den Verkehrsregeln.

Ist einer der Beteiligten ein Ausländer, ist fraglos er der Schuldige. Selbst schuld, dass er ein Ausländer ist. Ein Ausländer haftet für alle Schäden an allen beteiligten oder unbeteiligten Fahrzeugen, für alle sichtbaren und verdeckten Vorschäden und Folgeschäden. Darüber hinaus zahlt er eine Wiedergutmachung für das körperliche und seelische Martyrium der Insassen und ihrer

Familien, der Verwandten bis zum dritten Grad sowie bedeutender Mitglieder der Sippe.

Einer unserer Monteure fuhr einst in Qal' ah Saleh einer Dame am Straßenrand im Schritttempo über einen Zipfel ihres bodenlangen Mantels. Der schwarze Überwurf trug abgesehen von ein paar zusätzlichen Flecken keinen bleibenden Schaden davon. Der Verkehrsrowdy verbrachte zwei Tage und Nächte im Schutze der Polizei, bis er unter Einsatz der vollen Baukasse wieder ausgelöst werden konnte.

Setzen Sie sich im Orient nie selber ans Steuer! Wenn doch, dann passen Sie wenigsten in Qal' ah Saleh auf. Panzer und Fahrzeuge mit getönten Scheiben haben immer Vorfahrt!

Zurück in die Warteschlange vor Mejar al Khabir.

Wir standen nun schon eine ganze Weile, hinter uns 100 Hände auf der Hupe. Meine zwei Polizisten erwachten wegen des infernalischen Lärms. Wir näherten uns ihrem Heimatdorf, das Minarett war schon in Sicht.

»Tschai, Mister?«

Der Alamanij wurde zu einem Tee eingeladen und bedankte sich artig: »Shukran!«

Die ausgeruhten Freunde ordneten ihre Uniformen und wiederholten ihre Einladung zum Tee. Ich sagte nochmals shukran. Freilich ging es gar nicht um den Tee, die Herren wollten bis vors Haus gefahren werden. Also bog ich von der Hauptstraße ab, querte den Tigris auf einer schwimmenden Behelfsbrücke, der Wagen saß kurz auf, die Pontons gerieten in Wallung. Immer mit Schwung fahren, ja nie bremsen! Im Dorf schon gar nicht und mit zwei Uniformierten an Bord hatte ich schließlich Vorfahrt.

Nach einem starken, süßen Tee ging es wieder zurück über den Tigris und weiter in Richtung Süden.

Wenn irgendwie möglich, sollte ich vor Einbruch der Dunkelheit die Baustelle erreichen. Später wäre ich, falls mir etwas zustieße, allein auf weiter Flur, kein Mensch käme auf den Gedanken anzuhalten. Wenn es Nacht wurde, war die fröhliche Landpartie zu Ende, dann wurde es ernst.

Der Auto fahrende Mensch des Nahen Ostens schaltet das Licht, soweit es funktioniert, nicht vor Eintreten der totalen Finsternis ein. Bei Mondlicht also eher überhaupt nicht. Der Fahrer geht sparsam mit der Energie um – auch davon können wir lernen –, aber irgendwann kann er trotz zusammengekniffener Augen und nach vorne gebeugtem Oberkörper nur noch seine eigene Kühlerfigur erkennen. Dann zündet er widerstrebend die Lichtlein an, die vorne in Fahrtrichtung sowie die weihnachtliche Lichterkette hinten auf der Hutablage.

Meine Scheinwerfer waren in Ordnung, meist erkannte ich früh genug, was mir nächtens so in die Quere kam. Häufig waren es mitten auf der Fahrbahn liegende Felgen, geplatzte und noch kokelnde Reifen, auch gerne eine Ziegelsteinpyramide, die ein Lkw-Fahrer hinter seinem Pannenfahrzeug aufgeschichtet hatte. Alle denkbaren Gegenstände wurden zur Warnung hinter einem havarierten Wagen auf die Straße gelegt und nach erfolgreicher Reparatur den Nachfolgern überlassen. Irgendein Pechvogel brauste dann im Dunkeln in den Steinhaufen und konnte – Glück im Unglück – die Steine gleich wieder verwenden, teils, um den Wagen aufzubocken, teils erneut als Warnsignal.

Entgegenkommende Motorräder entpuppten sich kurz vor dem Aufprall als einäugige Pkws, immer war das linke Licht blind, der Einäugige war der König der Nacht. Der König riss das Steuer im letzten Moment nach rechts, überfuhr dabei einen Fahrradfahrer und so erlosch auch dessen einziges Licht, das Lebenslicht.

Vereinzelt tauchten in der Ferne blinkende Leuchtfeuer auf. Das waren Fahrzeuge, die gänzlich ohne permanentes Licht navigierten und das Land nur im Sekundentakt mit dem Fernlicht erhellten wie Feuerschiff Elbe 1 auf der Unterelbe. Kam in der Nacht rein gar nichts entgegen, war größtes Misstrauen angesagt, aus dem dunklen Nichts konnte ein Wasserbüffel auftauchen, dann wurde es zappenduster, auch für den Büffel. Schwarz verhüllte Frauen – also alle – hatten nächtens beim Queren der Straße geringe Überlebenschancen, bei Regen gar keine. Darum sollten die Damen auch nach dem fünften abendlichen Gebet nicht mehr ohne männliche Begleitung aus dem Haus. Alles war wohl durchdacht im Lande.

Langsam tauchte die Sonne in ockergelb-feuchten Dunst, Palmenwälder kamen in Sicht, ich bog von der Hauptstraße in Richtung Shatt al Arab, vor mir lag das

Wohncamp der Baustelle, das Gästehaus. Wieder einmal heil angekommen.

Alhamdulillah – Allah, dem lieben Gott und allen sumerischen, assyrischen und babylonischen Göttern sei Dank!

DIE FÜNFZEHNTE STORY

Es ist Krieg

Saddam Hussein al-Tikriti, 43, glorreicher Führer des Irak, siegreicher Herrscher, zum Feldmarschall ernannt vom glorreichen Führer, Erbe Nebukadnezars, Harun al Raschids etc. pp., überfällt den Iran.

Werfen wir einen Blick in den *SonntagsBlick* vom 28. September 1980 – leicht vergilbt nach 30 Jahren. Jürg Zbinden, Reporter des Schweizer Boulevardblattes, berichtet von der Südfront:

> *»In Basra ist die Hölle los! Die größte Stadt im Süden Iraks ist laufend Ziel wütender Luftangriffe der Iraner. Jede halbe Stunde heulen die Sirenen der Luftangriffswarnung über die Millionenstadt am Schatt al Arab. Basra, rund zehn Kilometer hinter der Hauptkampflinie, macht den Eindruck einer toten Stadt. Der Strom ist fast überall abgestellt und die wenigen Autos, die noch verkehren, sind mit Lehm getarnt und gleichen prähistorischen Ungeheuern. In den engen Gassen der Altstadt rund*

um den Basar ist die Luft kaum mehr zum Atmen. Die iranische Luftwaffe hat die riesige Ölraffinerie Nummer 4 im Süden der Stadt in Brand geschossen.«

Sechs Tage zuvor, am Montag, war der Krieg gegen den Iran ausgebrochen. So sagt man halt – ausgebrochen! –, aber ein Krieg ist nicht der Stromboli, der rumort und dann unversehens Feuer spuckt. Krieg ist kein Naturereignis. Auch dieser war angezettelt, vom Zaun gebrochen worden, von Saddam Hussein, dem starken Mann des Irak. Saddam stammte von ganz unten in der Gesellschaft und hatte sich die steile und schmale Treppe zur Macht hochgeschossen. Mit 31 Jahren war er bereits Vizepräsident seines Landes und Chef der Sicherheitsdienste, seit Sommer 1979 Alleinherrscher über zehn Prozent der Ölreserven der Welt. Gerade den obersten Stiegenabsatz erreicht, schoss er nach unten, auf dass ihm keiner zu nahe käme. Leben und sterben lassen!

Schießen ist durchaus wörtlich gemeint: An Brutalität stand Saddam Hussein keinem der großen Vorbilder der Antike, der Neueren und Neuesten Geschichte nach. Aber die Treppe runter oder vom Balkon über eine jubelnde Menschenmenge hinweg in die Luft zu schießen, reichte ihm wohl nicht. Ein närrisches Bild: der lachende Saddam Hussein mit Gewehr und Tirolerhut.

Überfallen wir also den Iran, wird er sich gesagt haben. Vorgeschobener Grund des Angriffs: umstrittener

Grenzverlauf auf dem Schatt al Arab. Wahrer Grund: Jahrhunderte alte Gebietsansprüche auf das iranische Khusistan – zufällig eine öl- und erdgasreiche Gegend – und Größenwahn!

Dem ersten Golfkrieg sollte noch ein zweiter und ein dritter folgen. Der zweite war die amerikanische Antwort auf Saddams Einmarsch in Kuwait 1991. Vorgeschobener Grund des irakischen Einmarsches im südlichen Emirat: umstrittener Grenzverlauf über den Ölfeldern. Wahrer Grund: Ebbe in der Bagdader Kasse wegen des ersten Krieges – und Größenwahn!

Saddam ließ sich huldigen als Erbe Nebukadnezars, glorreicher Führer, als Nachfolger Harun al Raschids und als Saladin, den siegreichen Herrscher – wer zählte die von Speichelleckern angedienten Titel? Nun, den Ereignissen angemessen, beförderte Saddam sich zum Feldmarschall.

Wir nannten ihn Karl-Heinz, wegen der Ohren hinter den Wänden und in den Telefonzentralen; alle Karl-Heinze mögen uns verzeihen.

Die Amerikaner und ihre 33 Verbündeten befreiten Kuwait – *Operation Desert Storm* –, die flüchtenden Iraker zündeten die Ölquellen an.

Der dritte, hoffentlich letzte Golfkrieg war die Invasion des Irak durch die sogenannte *Koalition der Willigen* – derer gab es zu Beginn 43! – im März des Jahres 2003. Neben der Jagd auf Saddam Hussein und seine Schergen wollte die Koalition auch die Demokratie in den Irak tragen, aber die Willigen haben es jetzt mit der Bandscheibe, die Demokratie ist keine leichte Sache.

Der Diktator vergrub sich würdelos in einem Erdloch, wurde von den Amerikanern wie ein Maulwurf ans Tageslicht gezogen, von seinen Landsleuten gerichtet und Ende 2006 gehängt. Nur seine um ihre Privilegien gebrachten Hofschranzen dürften ihm nachgetrauert haben.

Zurück zum 22. September 1980. Die Familie lebte nach vier Jahren im Süden des Irak nun in Bagdad, im östlichen Stadtteil Al Muthanna, um genau zu sein. Um sechs Uhr in der Früh stand ich unter der Dusche, die Fensterscheiben klirrten, den Alarm hatte ich nicht gehört. Eine Fliegerbombe hatte ein Nachbargebäude in Schutt und Asche gelegt, sollten wir später feststellen. Wir öffneten alle Fenster und setzten uns ins Badezimmer im Erdgeschoss. Wir fürchteten, dass uns die Glasfassade des Wohnzimmers um die Ohren fliegen könnte. Das Bad hatte nur ein kleines Fenster zum engen Innenhof, wir hörten Einschläge, von allen Seiten das Bellen der Flugabwehrkanonen. Tags zuvor waren noch keine zu sehen gewesen.

Wegen der seit Monaten anhaltenden Gerüchte hielten wir zwei Notfallköfferchen bereit, auch der Schulranzen der Nathalie war mit dem Nötigsten gefüllt. Vor zwei Wochen war sie mit der Tüte unter dem Arm vor der Deutschen Schule fotografiert worden, gerade sollten die ABC-Schützen lernen von links nach rechts zu schreiben und wenig später auch von rechts nach links, so etwa:

. ة سَ رْ دَ مَ

Und schon würde wohl der Unterricht ausfallen. Das fing ja gut an mit der akademischen Laufbahn.

Nach zwei Stunden heulten wieder die Sirenen, ein langer Ton – Entwarnung. Woher wusste ich das eigentlich?

Keine Nachrichten auf der Deutschen Welle, also fuhr ich ins Zentrum, ins Büro im Mirjan Building am Tahrir Square. Erstmals brauchte ich in der engen Gasse vor der ehemaligen Synagoge nicht lange nach einem Parkplatz zu suchen. Die zwei irakischen Mitarbeiter waren bereits auf ihrem Posten, auch der Teaboy. Man stelle sich vor, es ist Krieg und es gibt keinen Tee. Es gelang nicht, mit unseren Leuten auf den zwei Baustellen im Süden, in Amarah und Basra, zu telefonieren. Auch nicht mit der Firma in der Schweiz. Über Nacht mussten Ferngespräche angemeldet werden. Mädchen mit freundlichen Stimmen nahmen Wünsche entgegen. Dabei blieb's. Das Bagdader Telefonnetz hingegen funktionierte.

Ich rechnete mit dem Schlimmsten, auch damit, dass ich nicht noch einmal ins Büro gelangen könnte. Also leerte ich den Firmensafe, 10000 Dollar in bar. Von nun an ließ ich meinen Aktenkoffer nicht mehr aus den Augen.

Die Bagdader Telefondrähte glühten, die auf heißen Gartenpartys zusammengeschweißte Ausländergemeinde tauschte minütlich die jüngsten Gerüchte aus. Trotz des wiederauflebenden Straßenlärms hörten manche das Gras wachsen. Der Korrespondent der Deutschen Welle berichtete aus Istanbul, nur knappe 1600 Luftkilometer entfernt. Alle Nachrichten, auch die der BBC, klangen beunruhigend.

Anruf von der Baufirma Hecht & Jaudas: »Hast du schon gehört, die Perser stehen 50 Kilometer vor Bagdad!«

Das musste ich sofort Schweizer Freunden erzählen.

Gegenfrage der Hanni: »Wie schnell fährt so ein Panzer? Du warst doch beim Militär!«

»Ich war nicht beim Militär«, sagte ich, »bei uns nehmen sie nicht jeden!«

Die Schule sei geschlossen, konnte sie mir noch berichten, Söhnchen Marc war ebenfalls *Erste Klasse*, dann musste ich auflegen, der Muezzin rief zum Gebet.

»Allahu akbar!«

Gott ist groß und seine Minarette sind hoch. Neben unserem Bürogebäude stand eine Moschee und der Lautsprechertrichter auf dem Minarett beschallte aus wenigen Metern Entfernung das Büro des Ungläubigen. So wurde der je nach Jahreszeit dreimal, manchmal viermal am Tag aus seinen Träumen geweckt. Jetzt schlief hier ohnehin niemand, jetzt war Krieg. Drei Minuten bezeugte das krächzende Tonband, dass es keinen Gott gibt außer Allah, dann endete die Durchsage mit einem

Geräusch, als kratze eine Grammofonnadel über eine Schellackplatte.

Anruf aus dem vierten Stock: »Ich habe gerade von der Deutschen Schule gehört, die Perser stünden 30 Kilometer vor Bagdad!«

Ich fasse nach: »Wie schnell fährt so ein Panzer?«

Antwort: »Wie die Taxis in Teheran. Du wirst sehen, die ersten Panzerfahrer essen in einer halben Stunde ihr Hühnerkebab an der Sadounstreet!«

Die Sadoun war der Kudamm von Bagdad und begann vor dem Büro.

Was konnte ich glauben und was tun? Ungeachtet der heranpreschenden persischen Streitwagen und der nachrückenden Phalanx kam die Geschäftigkeit nicht völlig zum Stillstand. Der Schuhputzer, ein würdiger älterer Herr – Arbeit schändet nicht –, sammelte wie jeden Morgen Stockwerk für Stockwerk unsere Schuhe ein. Er würde sie nach geraumer Zeit geschniegelt und poliert wieder ausliefern. Unterdessen saßen wir in Socken im Büro. Strumpfsock, wie die Schwaben sagen.

Es kam, was kommen musste. Die Ruh war hin. Luftalarm! Aus allen Büros stürmten die Leute die Treppe hinunter. Inmitten der aufgeregt schnatternden Menge stand der dritte Stock geschlossen in Socken auf dem Bürgersteig. Wir machten keinen kampfbereiten Eindruck.

Das ganze Haus vom Erdgeschoss bis zum Dach ließ sich von Stund an die Schuhe nicht mehr putzen und so kam es, dass der Schuhputzer des Mirjangebäudes am

Platz der Befreiung als erster Bagdader Unternehmer einen totalen Umsatzeinbruch erlebte. Die Kleinen trifft es immer zuerst. Größere sollten folgen.

Da standen wir nun ohne unsere Schuhe. Nach einem Weilchen setzte ich mich auf meinen Akten- und Geldkoffer, wir blickten fragend zum Himmel. Es war Krieg, wir waren nicht hingegangen, er war zu uns gekommen.

Dann sekundenlanges Flakfeuer, eine ferne Explosion. Treffer im Daura-Kraftwerk am Tigris, erfuhren wir vom Hausmeister. Er hatte vom Dach aus den Angriff verfolgt. Stromausfall – karaba maku! Polternder Lärm und Hilferufe aus dem Haus. Was mussten die Leute auch den Aufzug nehmen in solchen Zeiten?

Schwarzer Rauch hing über dem Süden der Stadt, Daura brannte, was sollte ich im Büro? Also fuhr ich heim – längst hätten auch die Perser da sein müssen –, wurde im ersten Kreisverkehr von wunderschönen Mädchen in tarnfarbener Uniform von der Straße gescheucht, war scheint's wieder Alarm. Autofahren während des Alarms verboten, Stille, wie ich sie in Bagdad selbst in tiefster Nacht nie erlebt hatte. Die Leute stiegen aus ihren Autos, stellten sich unter die Alleebäume – unter den Akazien sieht der Feind uns nicht –, zwei Jagdflugzeuge oder was weiß ich – ich habe ja nicht gedient – donnerten über uns hinweg, wieder ein Rumms. Wo, war nicht auszumachen.

Chomeini hatte Rache geschworen, der Irak hatte ihn

1978 aus seinem vom Schah erzwungenen Exil in der Pilgerstadt Najaf des Landes verwiesen. An der Grenze soll der heilige Mann sich umgedreht und Saddam Hussein mit erhobener Faust Vergeltung angedroht haben. War er schon auf dem Weg?

Werfen wir einen zweiten Blick in den *SonntagsBlick.* Ein Wiener wunderte sich:

> *Bei den Luftangriffen standen die Einheimischen in den Gärten und schauten den Luftkämpfen fasziniert zu.*

Mohammed und Mouna Guck-in-die-Luft! In die Keller konnten sie nicht gehen, es gab ja keine.

Zu Hause Familienberatung bis in die Nacht bei Kerzenschein – Ratlosigkeit! Also ins Bett.

Um Mitternacht klingelte es an der Tür, der Strom war wieder da. Nachbar Muhandis Abbas in Aufregung. Aus unseren Hecken leuchteten die Laternen, grün und rot und blau, wie es sich für den Orient gehört. Verdunklung! Nach Abbas stand mindestens die Todesstrafe auf Missachtung der Gesetze.

Mittlerweile hatten schon etliche Ausländer den Feind nahen gesehen, hatten einfach die Tür zu- und sich davongemacht.

Noch in derselben Nacht ging der Zivilschutz im Viertel von Haus zu Haus und klingelte. Blieb er ohne Antwort, kappte er die Hauptleitung. Nun war die Verdunklung bleibend gesichert.

Auch am folgenden Tag kam der Strom nur stundenweise aus der Steckdose.

Die Iraner sollten in den nächsten Wochen ganz gezielt die Kraftwerke des Landes angreifen, erfolgreich, wie der Kerzen- und Batterieverbrauch bewies. Davon in der nächsten Story.

Der Fluglärm wurde immer bedrohlicher, unser Haus lag in der Verlängerung eines Militärflugplatzes, in friedlichen Zeiten hatten Flieger über unserer Dachterrasse geübt, sicher würde auch dieser Flugplatz angegriffen.

Also entschieden wir uns, in die Innenstadt zu ziehen, zu Toni und Antonia. Toni war der Patron aller Lastwagen und Gast in meinem Büro. Seine Schweizer Firma transportierte die Güter von Europa zu unseren Baustellen. Am Abend saßen der Hausherr, seine drei Kinder, zwei Lastwagenfahrer, unsere Tochter und meine Frau und ich am Tisch der Antonia und waren gespannt, welch karge Kost es wohl in Kriegszeiten geben würde. Paella, olé! Antonia kommt aus Spanien. Auch der Ueli von unserer Baustelle in Basra war da, ihn hatte der Krieg im Auto auf der Fahrt nach Bagdad überrascht.

Die Tonische Familie bewohnte ein altes Haus in traditioneller Lehmziegelbauweise und so bestand die Gefahr, bei einem nahen Treffer von den Ziegeln erschlagen zu werden. Es folgte Angriff auf Angriff, wir stellten uns unter die Türstürze, die Kinder krochen unter die Betten. Es wird behauptet, es gäbe eine Fotografie, auf der ich eine Bratpfanne über den Kopf halte, aber das ist sicher übertrieben.

Der Ueli lenkte die Kinder mit Clownerien ab, sagen wir's doch: Wir hatten richtig Angst. Die Perser schossen von oben nach unten, die Iraker feuerten von unten nach oben. Auch diese Granaten kamen wieder auf die Erde zurück, als *friendly fire* – freundliches Feuer –, wie die zynischen Militärs sagen. Bei einem Treffer in der Nachbarschaft flögen sicher auch freundliche Ziegelsteine durch die Luft – *friendly bricks*. Wir sahen uns begraben als Artefakte unter gelben Lehmziegeln wie in Ur und Uruk und Babylon.

Aber wenn die Not am größten, ist guter Rat nicht weit. Nach Stunden vergeblichen Scheibendrehens kam eine Telefonverbindung in die Schweiz zustande. Die Schweizer waren dank eines Radiokorrespondenten bestens über die Frontlage informiert. Er berichtete aus Kairo, nur 1300 Kilometer entfernt. Der Eigentümer der Transportfirma war besorgt um uns, auch um seine Lastwagen. Als Oberst der Schweizer Armee – seinerzeit gehörte sich das so in den Schweizer Chefetagen – empfahl er uns dringend, im Garten ein Loch zu graben. In so einem Loch sei es am sichersten.

Wir hatten keinen Spaten, aber Gesprächsstoff für den Abend und konnten uns auch nicht einigen: ein Familienloch für elf Personen oder elf Einzellöcher?

Jeder hatte den Krieg kommen sehen. Am Jahresbeginn war eine Verfügung erlassen worden, nach der alle

Ausländer, die länger als fünf Jahre im Irak weilten, das Land zu verlassen hatten. Die Regelung wurde aber auf niemand anderen angewandt als auf Iraner und Iranstämmige. Sie wurden, weil Schiiten, pauschal als *Fünfte Kolonne*, als subversive Gruppe, verdächtigt und des Landes verwiesen. Ihre Panikverkäufe führten zu einem Überangebot an Teppichen auf dem Basar von Bagdad. Der Teppichpreis wäre in den Keller gesackt, wenn es einen gegeben hätte. Der Weltgeschichte fällt auch nichts Neues ein!

Schon 1977 hatte es erste Anzeichen von Kriegsvorbereitungen gegeben: Ein neues Gesetz regelte den Anstrich der irakischen Industrieanlagen. Alle Tanks für Wasser, Öl und Chemikalien in unseren Papierfabriken hatten wir mit Tarnanstrich zu versehen, mit unregelmäßigen grauen Flecken auf grünem Grund, eine Herausforderung der besonderen Art für unsere Maler, die verkappten Künstler. Sie konnten es nicht lassen, immer wieder prangten Riesenvögel auf den Tankwänden, Nilpferde, Drachen und andere Schlangen aus Sagen und Märchen. Der Kunde tobte, wir schienen die Sache nicht ernst zu nehmen.

Seit Monaten hatten sich die Zeichen gehäuft: Auf den zwei Straßen, die in den Süden des Irak führten, reihten sich auf den Seitenstreifen bisweilen über Meilen mit Panzern beladene Tieflader. Einmal in Fahrt war die Kolonne nur noch unter Lebensgefahr zu überholen – Krieg auf der Landstraße. Die Tieflader waren heimatlicher Provenienz, bekanntlich liefert die Bundesrepublik keine militärische Ausrüstung in Krisengebiete, also war der Irak – alhamdulillah – kein Krisengebiet. Mindestens bis zur Auslieferung.

Fein hatte sich Saddam das ausgedacht. Das iranische Militär lag nach den Wirren und Morden der 79er Revolution am Boden, Chomeini hatte die Armee enthauptet, Schah-treue Offiziere und nicht nur solche waren geflohen. Und bliesen die Trompeten zur Schlacht, so dachte nicht nur Saddam Hussein, würden sich die Araber Khusistans wie ein Mann gegen die persischen Unterdrücker erheben und Palmwedel schwingend den Befreiern entgegeneilen. Außerdem stand der gottlose Westen auf seiner Seite! Und die rechtgläubige sunnitische Welt fürchtete die rechtgläubigen schiitischen Revolutionäre des Iran. Ganz nebenbei konnte Saddam auch noch gegen die eigene schiitische Mehrheit losschlagen und gegen die aufsässigen Kurden und so weiter und so weiter! Aus seiner Entourage war kein Widerspruch zu erwarten! Die das Zeug dazu gehabt hätten, saßen in den Gefängnissen, wenn sie Glück hatten, oder waren umgebracht worden. Mit der stärksten Panzermacht der Region plante Feldmarschall Saddam einen Blitzkrieg von 14 Tagen.

Frage: Was sollte da schon schiefgehen?

Alles, stellte sich heraus.

Acht Jahre sollte der Krieg dauern, Tausende von Tagen und Nächten, es ist die Rede von mehr als einer Million Toten, wir sind erst am dritten Tag.

Die englischsprachigen Medien des Landes wurden eifriger studiert denn je. Insbesondere der *Baghdad Observer* – das tägliche Leib- und Magenblatt der ausländischen Firmenvertreter – war Pflichtübung wegen der öffentlichen Ausschreibungen und amtlichen Verlautbarungen. Leib- und Magenblatt hieß es, weil man bei der Lektüre der politischen Seiten Magengrimmen oder Diarrhö bekam, oder beides in dieser Reihenfolge. Der *Observer* hatte schon in seiner ersten Kriegsausgabe erkannt, dass die Perser mit ihren Jagdflugzeugen ausschließlich und gezielt Frauen und Kinder angriffen. In Anbetracht der Stromausfälle durchaus einleuchtend, wurden doch die irakischen Kraftwerke und Umspannstationen nur von Frauen und Kindern betrieben.

Während ich darüber sinnierte, für wie deppert die Bagdad-Observatoren ihre überwiegend ausländischen Leser wohl hielten, kam Leben ins Büro, in Gestalt der Herren Novak und Streuer. Sie waren von Amarah angereist, setzten sich auf das Sofa und eröffneten mir freudig: »Wir fliegen heut Abend mit der Swissair! Wir brauchen einen Transport zum Flughafen, so gegen acht, oddr.« Dazu wedelten sie mit ihren Tickets. »Luag, Ruedolf!«

Tatsächlich, sie hatten eine feste Buchung auf der Swissair für diesen Abend, mit Stempel! O sancta simplicitas! Die zwei Versprengten, Konstrukteure im Planungsbüro, hatten 14 Tage lang auf der Baustelle Rohrleitungen vermessen und waren auf der Leiter stehend vom Krieg überrascht worden. Mit ihrer Arbeit seien sie soweit fertig, nun wollten sie heim, mit dem Krieg hätten sie nichts zu tun! Ja dann!

Monatelang war die nahende Katastrophe abendfüllendes Partygespräch in Bagdad gewesen.

»Beim ersten Schuss nehm ich das Taxi zum Airport und flieg heim!«

Der erste Schuss war noch nicht verhallt, schon flog nichts mehr! Außer den russischen MIG-23 der glorreichen irakischen Luftwaffe und den hinterhältigen Frauenjägern aus dem Gottesstaat.

Langsam begannen die zwei von der Baustelle zu begreifen, tranken noch einen Tee, ich gab ihnen den *Baghdad Observer* zur Beruhigung, nur Frauen und Kinder würden beschossen.

Mittlerweile hatte die irakweite Flucht der Ausländer eingesetzt.

Vor der Deutschen Botschaft ging es gesittet zu, Geschäftsleute mit unaufschiebbaren Terminen zuerst, Frauen und Kinder zuletzt, zum Schluss bekamen alle einen Platz in den Bussen nach Amman, die Botschaftsleute später einen Orden.

Die Kurzwellennachrichten klangen beunruhigend, der Reporter in Amman war ja nur 800 Kilometer vom Geschehen entfernt. Syrien, ebenfalls westlicher Nachbar des Irak, war mit dem Iran liiert. Der Kommentator fürchtete einen Zweifrontenkrieg.

Es schien wirklich das Gescheiteste zu sein zu gehen! Zuerst die Familie, dann würden wir weitersehen! Einer der Lkws war ja noch da. Toni hatte den Fahrer vom Gebot der Stunde überzeugt. Der wartete vor dem Haus, ich besorgte Matratzen, Wasser und Essen, wieder heulten die Sirenen – Entwarnung.

»Habt Ihr alle Pässe? Die lassen Euch schon raus nach Jordanien! Einsteigen, nix wie weg vor dem nächsten Alarm!«

Novak und Streuer allen voran ins Fahrerhaus, dazu die drei Tonikinder, neun, acht, sechs mit ihrer Mutter Antonia, meine Frau, die Claudia, und die Nathalie, der Fahrer fand seinen Platz hinter dem Steuer belegt, es waren der ganzen und halben Personen zu viele. Die zwei, die mit dem Krieg nichts zu tun hatten, kletterten auf die Ladepritsche. Toni und ich winkten den Flüchtenden nach.

Lassen wir doch nun meine Frau erzählen, auf dass es ihr nicht gehe wie mir, der ich nie zu Wort komme:

»Wer je auf einem unbeladenen Lastwagen 918 Kilometer schlaglochübersäter Straße im wahrsten Sinne des Wortes durchgestanden hat, dem bleibt im Jenseits nichts mehr zu büßen. Man stelle sich einfach ein Trampolin vor mit einer Sprungfläche aus Stahlblech. Irakische Grenzstation bei Rutba – eine schwitzende Menschenmasse. So wie seinerzeit in der Wüste dürfte es nach einem Bundesligaspiel aussehen, wenn jemand alle Pforten des Stadions bis auf eine verrammeln und eine Handvoll Fußballignoranten die Papiere jedes einzelnen drängelnden Fans genauestens unter die Lupe nehmen würde. Tausende von Japanern, Europäern und Menschen jeglicher Couleur stauten sich vor den kellerlukengroßen Abfertigungsschaltern bis hinaus auf die staubige Straße, kauerten an allen Säulen und Mauern und warteten auf ein Wunder.«

Hier muss ich die Claudia mal kurz in ihrem Redefluss unterbrechen, sonst überspringt sie Wesentliches.

Falls Sie bis anhin nur die Deutsch-Schweizerische Grenze überschritten haben, bequem auf Ihrem Schwarzgeld sitzend, sollten Sie wissen, was sich an allen Grenzschaltern des Nahen Ostens abspielt: Es herrscht das orientalische Prinzip *Last come – first serve*! Nach dieser zutiefst menschlichen Regel legt der jeweils zuletzt Ankommende seinen Pass auf den hinter dem Fensterchen in schwindelnde Höhen wachsenden Stapel. Vorsicht ist geboten, auf dass der Turm nicht umkippe und sich die Pässe auf dem Boden zerstreuten. Der eine oder andere Pass verschwände gar bis zum Jüngsten Tag unter einem Möbel. Oder – gänzlich undenkbar – das Teeglas des eifrigen Beamten fiele ebenfalls um und sein klebriger Inhalt ergösse sich auf seine blütenweiße Weste.

Nun beginnt der Verwaltungsakt. Der Beamte nimmt zunächst einen Schluck des süßen Tees und dann den zuoberst liegenden Pass. Nach der Anstrengung stärkt er sich mit einem weiteren Schluck, nimmt den Pass in eine Hand und blättert ihn auf der Suche nach dem Einreisestempel und der Genehmigung zur Ausreise von hinten beginnend mit dem Daumen durch. Hat er beide Einträge gefunden, legt er den Pass beiseite, der Verwaltungsvorgang stockt, der Beamte ruft seinen

Kollegen irgendetwas zu, einen Spaß oder ein Todesurteil. Das Herz des also verurteilten Passinhabers stockt ebenfalls, bange Sekunden verrinnen, aber es handelte sich nur um die Bestellung von frischem Tee. Während der Teewartepause gelingt es einem anderen, durch die Luke hindurch seinen Pass auf der Zinne des Turms zu platzieren. So geht alles weiter seinen geregelten Gang. Die Unglücklichen, deren Pässe seit dem Morgengebet sozusagen im Erdgeschoss des Turmes ihrer Bearbeitung harren, richten sich am besten auf viele Tage und lange Nächte des Wartens ein, tausend oder eine mehr, oder sie gedenken der christlichen Botschaft aus dem Weinberg, nach der einst die Letzten die Ersten und die Ersten die Letzten sein werden.

»War's nicht so, Claudia?«

»Darf ich nun bitte weitermachen? All die Flüchtenden waren ohne das erforderliche Ausreisevisum nach Rutba gerannt. Jugoslawen waren keine zu sehen oder zu hören – als Befreundete brauchten sie ohnehin kein Visum – und auch keine Franzosen. Die Franzosen harrten aus.«

Stimmt! Da hat sie recht.

»Mais oui, cher *beau d'eau*!«, sagten Freunde aus der französischen Kolonie später, »warum hätten wir denn gehen sollen?« Das wärmte dem Bodo das Herz!

»Wer erzählt nun weiter, du oder ich? Also, die beiden Trampolinspringer, Novak und Streuer, vertraten sich die zitternden Beine. Antonia und ich nahmen unsere vier von der endlosen Fahrt zerknautschten Kinder an die Hand und steckten die neun Pässe und mehrere Schweizer Offiziersmesser ein. Wozu arbeiteten unsere Mannen schließlich bei Schweizer Firmen!? Die Kinderchen öffneten den Weg durch das mehrheitlich männliche Getümmel bis hinauf in das Obergeschoss, wo der Obergrenzbeamte thronte. Die Stempelchen flogen nur so vom Kissen in die roten und grünen Pässe, und kaum war ein halbes Stündchen vergangen, brauste unser Lastwagen durch die Kontrollen.

Im Niemandsland campierten wir alle auf der Ladepritsche. Wisst ihr, wie viel Sternlein stehen über der Wüste? Mit den vielseitigen Schweizer Offiziersmessern ist halt gut schmieren – Leberwurstbrote so gut wie Grenzbeamte.

In Amman logierten wir zwei Frauen mit unseren Kindern in einem Zimmer im Sheraton, die zwei Gerüttelten und Geschüttelten blieben an der Bar und erzählten von ihren Abenteuern. Hemingway war ein Pfadfinder dagegen.

Hätten wir noch einen Tag länger an der irakischen Grenze gewartet, wir wären Zeugen des Wunders von Rutba geworden! Denn am nächsten Morgen zogen die Obergrenzer den Stöpsel und die Menge strömte wie Wasser ungehindert nach Jordanien hinein, bis in die Hauptstadt. In Amman brandete die Menschenwoge gegen den völlig überforderten Flughafen, der Strom staute sich erneut, um im Bild zu bleiben. In jedes Flugzeug passten halt höchstens 250 Leute. Die Swissair sammelte ein, was Deutsch in all seinen Schattierungen sprach, das Personal kümmerte sich aufopfernd um die Kinder und in der Ankunftshalle in Zürich stand die Presse zur medialen Betreuung parat.«

Das war die Erzählung *Durch die Wüste – Von Bagdad nach Amman* von Claudia Rudolf.

Der *SonntagsBlick* war bei der Landung ganz vorne dabei. Lassen wir ihn nochmals zu Wort kommen:

> *Zürich – Todmüde, aber glücklich, wieder heimischen Boden unter den Füßen zu spüren, landeten gestern Abend um 18.50 Uhr 52 Schweizer und 145 Ausländer mit dem Swissair-Kurs 399 in Zürich-Kloten. Der Großteil der DC-10-Passagiere hinterließ einen sehr erschöpften Eindruck … Claudia Rudolf war mit ihrem fünfjährigen Mädchen in einer 26-stündigen Lastwagenfahrt aus Bagdad ausgereist. »Mein Mann, der dort für S. arbeitet, ist unten geblieben. Wir wohnten unter der Einflugschneise zum Militärflughafen in Bagdad, unsere Fenster zitterten. Wir zogen zu Bekannten in die Innenstadt. Bei jedem Flugangriff legten wir uns unter die Betten.*

Soweit der Sonntagsblick auf meine Frau und meine Tochter. Die Nathalie war übrigens sechs und von Männern mit Pfannen über dem Kopf steht da auch nichts. Man sieht, auch die Zeitungen mit den großen Buchstaben wissen nicht alles – alhamdulillah!

Wo war ich stehen geblieben? Vor meinem Wagen am Ende der Sadounstreet! Mit einem Pinsel in der linken und einem Topf blauer Farbe in der rechten Hand, Scheinwerfer anmalend. Pkw-Verdunklung! Lob dem fürsorglichen *Baghdad Observer* für die Information und Abbitte für üble Nachrede!

Nur ein Stündchen später sperrte die Polizei die Prachtstraße ab, winkte alle Herrschaften mit nackten Scheinwerfern an den Straßenrand und nahm den Anstrich persönlich vor. Die Beamten hielten sich dabei nicht mit filigraner Glasmalerei auf, schließlich war Krieg und Eile geboten. Mittels eines breiten Tapezierpinsels klatschten sie dickflüssige wasserunlösliche Ölfarbe – pitsch patsch – über die Vorderfront der Schlange stehenden Wolgas, japanischen Pick-ups und Mercedes' älterer und ältester Bauart. Nach getaner Arbeit kassierte die Polizei einen Unkostenbeitrag für ihre Bemühungen und überreichte einen Strafzettel zur Erinnerung.

Nicht mir, dank *Baghdad Observer* hatte ich schon zwei blaue Augen.

Verdeckten in den folgenden Nächten Wolken den Mond und die funkelnden Sterne, dann schalteten die orientierungslosen Autofahrer die Warnblinkanlage ein. So stürzten sie wenigstens nicht in den Tigris oder blieben in Gräben oder Vorgärten stecken. Binnen Kurzem fuhr ganz Bagdad mit blinkenden gelben Lichtlein durch die finsteren Straßen. Das wird den Feind mächtig irritiert haben.

Am vierten Tag konnte ich endlich wieder in die Provinzen telefonieren. Die iranische Luftwaffe hatte trotz der Tarnung einen Öltank auf der Baustelle bei Amarah in Brand geschossen, also setzte sich das Baustellenpersonal über die Grenze nach Kuwait ab. 200 Pakistaner auf Lastwagen – aber nach Kuwait ist es nicht gar so weit.

Von diesem Tag an gingen der Toni und ich jeden Morgen auf unsere Botschaften, ein jeder zu der seinen, und lauschten der Botschaft. Dann fuhren wir ins Büro zurück, tankten auf dem Weg, wenn die Pumpen liefen, befragten den Hähnchengriller auf der Rashidstreet, den Gärtner und den Hausmeister, telefonierten stundenlang mit allen, die wir kannten, und jeder der Freunde erzählte jedem, was er gerade beim Fladenbrotkaufen gehört hatte. Zu Arbeiten gab's nichts mehr, wir tranken viel Tee, die Baustellen waren zu, die Lastwagen weg und keine neuen auf dem Weg. Um neun Uhr morgens entschlossen wir uns zu flüchten, hatten schon die Türklinke in der Hand, da läutete das Telefon. Wir kehrten um, ein neues Gerücht. Um zehn sagten wir uns, es geht alles vorüber, um elf vernahmen wir, dass der Sepp und der Rüedi und die ganze Firma Boser & Wolf aus dem vierten Stock klammheimlich verschwunden waren, am Abend kämpften wir in Tonis leerem Haus gegen seine vollen Cognacflaschen und nach acht Tagen Kampf sagte ich: »Toni, hör zu, wir geben jetzt knallhart auf!«

Vorher rief ich noch meinen Chef in der Schweiz an. »Was soll ich tun?«

»Wie soll ich das beurteilen?«

»Ehrlich gesagt, ich kann hier eh nichts ausrichten!«

»Loset Sie, Herr Ruedolf, ich überlass d'Entscheidig Ihne, im Zweifelsfall machet Sie einfach das Richtige!«

Dann gingen wir, einfach so, sagten den Mitarbeitern Lebewohl und fuhren zum Foreign-Department, um ein *Exit-Re-Entry-Visum*, eine Ausreise-Wiedereinreisegenehmigung, zu beantragen. Von der wunderbaren Grenzöffnung wussten wir noch nichts, hofften auf eine Extrawurst, ein Extra-Kebab, ein Visum auf die Schnelle, Ausnahmen wurden in dringenden Fällen gemacht.

»Ein Krieg ist ein dringender Fall, Toni, oddr?«

Die Ausländerbehörde war zu friedlichen Zeiten ein Ort des Grauens. Schweißgebadete Antragsteller stauten sich stundenlang auf Treppen und Gängen. Persönliches Erscheinen war nach einigen Betrugsfällen zur Pflicht gemacht worden, Klaustrophobiker kamen wohl nie zu einem Visum, mussten im Lande bleiben.

Heute gähnende Leere!

»Salam, wir hätten gerne ein Visum!«

»Wozu wollt ihr denn jetzt noch gehen?«, die Beamten lachten, »so kurz vor dem Sieg!« – Alles Memmen, diese Ausländer.

Wir zogen von dannen, ungestempelt und doppelt beleidigt. Erstens lässt sich niemand gern als Feigling bezeichnen, zweitens hatten sie ja irgendwie doch ein wenig recht, zumindest ein ganz klein bisschen.

Dann stiegen wir in meinen Wagen mit den blauen

Scheinwerfern und fuhren gen Westen, immer stur geradeaus, Hosenträger über dem Lenkrad, immer nach Westen. Die Grenzgebäude waren so leer wie die Ausländerbehörde.

Aber es kamen uns auch ein paar Leute entgegen, Firmeninhaber und Manager in heilloser Sorge um den Erhalt ihrer Firmen, sie befürchteten den Zusammenbruch ihrer Baustellen, würden ihr verbliebenes Personal zum Ausharren überreden, Prämien ausloben. Für viele auch namhafte Unternehmen ging es ums Überleben, manche überlebten tatsächlich nicht.

In Amman stellte ich den Wagen vor das Haus meines jordanischen Kollegen. »Nach dem Sieg komme ich wieder«, sagte ich und gab ihm den Schlüssel.

DIE SECHZEHNTE STORY

Maikäfer flieg

Der Vater ist im Krieg.
Aber nicht an der Front, mehr so in der Etappe.

»Schön, dass Sie da heil rausgekommen sind!« Die Metzgerin freute sich. »Ich sag ja immer, bleib im Lande und nähre dich redlich!«

Redlich hat sie gesagt. Ich sinnierte kurz über die Schändlichkeit meines Bagdader Tuns, aber Leute, die alles krummnehmen, mag man nicht so gern. Befolgte doch die redlich Genährte ganz augenscheinlich selbst ihren Ratschlag!

Ich solle mal in Frieden meinen Urlaub abfeiern, hatte die Firma gemeint. Im Verlauf dieses Feierns klangen die Fernsehberichte und Radionachrichten immer undramatischer, wurden weniger, die Kämpfe schienen auf der ganzen Frontlinie zu stocken, nach zwei Wochen war der Krieg in den Augen der Presse zum militärischen Konflikt geschrumpft und von der Titelseite der Zeitungen verschwunden. Freunde, die in Bagdad geblieben waren, klangen als sprächen sie über eine Ferienkolonie: »Uns geht es blendend! Die Schule ist wieder auf! Wie läuft's so daheim?«

Ich vermeinte einen leicht ironischen Unterton herauszuhören, aber das konnte an der Verbindung liegen.

»Ja, dann wollen wir mal wieder!«, sagte ich mir nach drei Wochen.

Mit oder ohne Familie, das war die Frage. Gerade war die Tochter in Bagdad eingeschult, nach kurzem Auftritt ausgeschult und in Ravensburg wieder eingeschult worden. Dort war sie auf die Kumpel aus dem Kindergarten getroffen. Großes Hallo:

»Die Nathalie ist wieder da!«

»Nicht schon wieder die Schule wechseln!«

Also flog ich Ende Oktober 1980 ohne Frau und Tochter nach Amman. Bereits im Flugzeug, dann verstärkt an der Sheraton-Bar, gab es ein feuchtes Wiedersehen mit Dutzenden von Rückkehrwilligen.

»Kurze Auszeit genommen!«

»Schweizer Bergluft geschnappt!« Das war die Silvana mit ihren zwei kleinen Buben, der Mann hatte in Bagdad ausgeharrt.

Mein Wagen stand am Straßenrand, ergraut vom Staube Jordaniens, vier Räder, Wischerblätter, noch alles dran. Ich suchte nach einem sicheren Platz für meine 10000 Dollar. Devisenschmuggel brachte Ärger.

»Kais Problem«, sagte die Silvana, »ich weiß en Platz

für dä Chlütter«. War nicht anders zu erwarten, die Schweizer haben immer ausreichend Stauraum für Chlütter.

Die irakische Zollstation tauchte am Horizont auf, wir verstauten das Geld in Silvanas BH. Die Zöllner untersuchten das Gepäck, den Wagen sogar von unten mit einem Spiegel. Wir hatten maku mushkila, kein Problem. Falls Sie irgendwann Ihre Devisen in Sicherheit bringen wollen, hier ein Erfahrungswert: Für 10000 Dollar reicht Körbchengröße 95F vollauf.

Nach 900 Kilometern kam Abu Ghraib in Sicht, rechts das schon seinerzeit berüchtigte Gefängnis und links das Zollareal für Lkws. Noch ein Stündchen und ich war wieder zu Hause in Bagdad.

Auch hier der Staub der Wüste auf den Möbeln, aber sonst war noch alles an seinem Platz.

Manch einen Heimkehrer traf es schlimm. Hatte er bei der Abreise vergessen, sein Licht zu löschen, dann hatte der Zivilschutz inzwischen das Hauptkabel zum Haus abgeklemmt. Nun war zwar das Haus vorschriftsmäßig verdunkelt, aber auch wochenlang – wenn nicht sogar monatelang – ohne Strom gewesen, selbstredend auch die vollen Gefriertruhen. Heiß ist es in Bagdad im September, auch im Oktober, noch Anfang November ist es angenehm warm. Und so entstand neues Leben in vordem tiefgekühlten Truhen. Aus Fliegeneiern schlüpften putzige weiße Maden mit schwarzen Knopfaugen oder putzige schwarze Maden mit weißen Knopfaugen und anderes Getier. Die Maden lebten wie ihresgleichen im Speck, fanden Nahrung in Hülle und Fülle, solchermaßen gestärkt, schafften sie auch den Weg aus den Brutkästen ins wohlig warme Haus und hießen nun den Rückkehrer an der Pforte willkommen.

Am nächsten Tag wieder ins Büro am Tahrirsquare – als ob ich nie fortgewesen wäre. Die Dollar kamen wieder in den Safe, der Teaboy brachte den Limonentee, der Schuhputzer hatte die Durststrecke überstanden, meine Schuhe hatten wahrlich eine Generalreinigung nötig.

Nun galt es zuvörderst, den Alltag zu organisieren. Raten Sie mal, was in einem modernen Krieg des 20. Jahrhunderts auf dem Markt so fehlt?

Kerzen, Streichhölzer, Batterien und Klopapier!

Kerzen konnte ich besorgen, alles hat seinen Preis. Sie wurden mit ebenso teuren Streichhölzern angezündet und auf Untertassen im ganzen Haus verteilt. Taschenlampen, Weltempfänger und Kassettenrekorder verlangten nach Batterien für stromlose Stunden, wichtiger jedoch schien mir das Klopapier. Wenn es daran mangelt, sind weder Licht noch Händels Wassermusik ein Ersatz. Zur Not hätte ich den *Baghdad Observer* in handliche Karrees zuschneiden können, aber zu meinem Glück produzierte die Papierfabrik bei Amarah seit Kurzem weiches und reißfestes Papier, Tissue genannt. Allen Luftangriffen zum Trotz war das ausländische Personal wieder vollständig zurückgekehrt. Bei meinem nächsten Besuch lieh ich mir eine Rolle.

Die rosarote Rolle, Eigentum der Demokratischen

Volksrepublik Irak, maß einen Meter und zehn im Durchmesser und war 20 Zentimeter breit. Rücken an Rücken stellte ich zwei Stühle ins Bad, steckte einen Besenstiel durch die Rolle, wuchtete sie auf die Stuhlrücken – dem Inschinör ist nichts zu schwör – und schon hatte ich eine Abrollvorrichtung. Ich hatte ausgesorgt. Komme, was wolle!

Nichts bleibt geheim! Was kam, waren Besucher. Einige kannte ich weder vom Hören noch vom Sagen her. Sie wollten Papier leihen. Es waren schwere Zeiten und das Klopapier gehörte ja schließlich dem ganzen Volk.

Der Krieg ging weiter. Mit nur einem verbliebenen Kampfjet – oder waren es derer zwei? – konzentrierten die Perser ihre Angriffe auf die Kraftwerke. Die Stromausfälle nahmen zu. Es ist wohl zutreffender, wenn ich sage, dann und wann hatten wir Strom.

Seinerzeit sprachen wir vom Strommangel! Wider besseren Wissens, denn es kann ja nicht nur ein klein bisschen Strom durch die Kabel fließen, sondern es gibt Strom oder es gibt eben keinen. Und wenn, sagen wir mal abends um acht, der Strom ausfiel, war der erste Griff der nach Streichhölzern und Kerze. Hernach ging man zu Bett, obwohl man eigentlich zuvor wie das Darmol-Männchen – kennen Sie das, diese Reklamefigur für Abführschokolade? – mit Kerze in der Hand hätte durchs Haus schlurfen und alle Geräte und Lichter ausschalten müssen. Aber wer tat das schon?!

Vielen wird es ähnlich ergangen sein, ich diene mir

nur als Beispiel und schildere Ihnen emotionslos und chronologisch den Ablauf einer beliebigen orientalischen Nacht im Winter achtzig-einundachtzig in Bagdad.

Finster ist's, nur die Kakerlaken trauen sich aus den Ritzen und feiern fröhliche Urständ. Es ist zwei Uhr in der Früh. Ein Brummen erfüllt das Haus, die Heizgebläse laufen an, die Posaunen ertönen – nicht die von Jericho, sondern die von Händels Feuerwerksmusik. Der Kassettenrekorder hat wieder Strom und auch das Haus leuchtet hell. Natürlich nur innen, es ist ja verdunkelt.

Jäh aus dem Tiefschlaf gerissen, mache ich meine Runde, werfe hie und da einen Pantoffel nach einer flüchtenden Kakerlake, schalte alles Überflüssige aus und könnte jetzt fluchend ins Bett zurückkehren, wenn ich nicht noch verschiedene Hausmanns- und hausmeisterliche Aufgaben zu erledigen hätte.

Für den Fall, dass der Strom gleich wieder ausfällt, greife ich nach der Taschenlampe. In der Küche liegen ein Engländer und ein Franzose bereit. Die hatte ich damals immer im Haus. Ein Franzose ist ein verstellbarer Schraubenschlüssel, ein Engländer ebenfalls, hat aber nur ein Maul, der Franzose zwei.

Im Pyjama laufe ich ums Haus, die Nacht ist kalt. Die Haustür lasse ich bei dieser Schilderung aus zeitlichen Gründen einmal nicht ins Schloss fallen. Ich muss die Wasserpumpe entlüften. Ohne Entlüftung schafft sie das Wasser nicht bis aufs Dach. Ich kauere mich vor die Pumpe, lege trotz des strengen Verdunklungsgebotes die leuchtende Taschenlampe daneben, ziehe den Stecker des Pumpenmotors, öffne die Entlüftung der Pumpe mithilfe des Franzosen oder seines Alliierten, gieße aus einer bereitstehenden Schnabelkanne Wasser in die Entlüftung, schließe diese, lasse die Pumpe wieder anlaufen, wiederhole das Ganze – bei dieser Schilderung nur einmal –, dann rauscht das Wasser in den Dachbehälter, aber nur, wenn auch das Wasserwerk von Bagdad gerade mit Strom versorgt wird.

Geschafft! Gottlob bin ich Maschinenbauer und kenne mich aus mit komplexen Maschinen.

Ich kehre ins Haus zurück. Die Haustür ist dieses Mal ja nur angelehnt.

Es ist zwei Uhr dreißig. Die Waschmaschine schleudert die Wäsche von gestern. Ich entleere sie und steige mit einer vollen Plastikwanne aufs Dach. Über allen Dächern ist Plätschern. Im Stockfinsteren oder beim Glitzern der Sterne oder im hellen Mondenlichte – Unzutreffendes bitte streichen – hänge ich die Wäsche auf und nehme die von gestern von der Leine. Über die Dachbrüstung hinweg begrüße ich den Nachbarn aus Untertürkheim. Er hängt seine Wäsche auf. Kurzes aufmunterndes Gespräch:

»Wia goht's, Bernd, wa treibsch denn au so?«

»Seckelblöde Frage!« Es ist, scheint's, nicht seine Nacht! »Grüß deine Frau von mir!«, rufe ich ihm noch zu, gehe nach unten ans Bügelbrett und schalte das Bügeleisen an. Der Repräsentant eines eidgenössischen Unternehmens trägt immer ein gebügeltes Hemd im Krieg.

–

Es geht gegen drei. Während sich das chinesische Bügeleisen, Marke *Rotes Glück*, erwärmt, hole ich mir eine Flasche Ferida Bier und stelle selbige auf die Bügeleisenablage.

Gegen vier Uhr falte ich das letzte Hemd zusammen. Wäre es Sommer, graute der Morgen und der Muezzin riefe die säumigen Schläfer zum Gebet.

Um acht bin ich mit frisch gebügeltem Hemd und zerknittertem Gesicht im Büro.

Falls Ihnen je die Chance geboten wird, einen Maschinenbaukonzern in einem Krisengebiet zu vertreten, lernen Sie vorher Hemden bügeln und Pumpen entlüften!

Auch die Vertreter anderer Firmen waren nicht faul. Einer verkaufte den Irakern gelb-orangefarbene Fesselballons. Neunundneunzig davon, vielleicht einer mehr, standen rund um das geflickte Daura-Kraftwerk am Himmel wie Butterblumen, wiegten sich im Winde und schreckten den Feind ab.

In Basra hatten sie keine Ballons am Himmel. Der Ueli berichtete aus seinem Wohncamp, zwei oder drei Kilometer nördlich der Papierfabrik:

»Auf dem Dach der Fabrik stand eine Flab oder Flak, wie ihr Dütsche sägget. Hinter einem Wall von Sandsäcken saß ein schreckhafter Kanonier auf dem schwenkbaren Friseursessel, und wenn ein Wölkchen am Horizont erschien, schoss er hinein. Wer wusste schon, ob sich darin nicht der Feind auf einem fliegenden Teppich verbarg. Wenn aber die Tarnwolke über den nördlichen Himmel zog, lagen die Bea und ich unter Beschuss und getrennt unter Tisch und Bett. Wir hatten keine Stahlhelme.«

»Und keine großen Bratpfannen!«, ergänze ich hiermit die Uelische Kriegsberichterstattung vom südlichen Frontabschnitt.

Flaschengas war rationiert. Zum Kochen und für die Warmwasseraufbereitung brauchte ich Gas, also hieß es, mit den Bezugsmarken an der Verteilstation Schlange stehen.

Ein anderes Problem war die Benzinversorgung, die wegen der häufigen Kraftwerksstillstände nicht sichergestellt war. Der Irak ist ein großes Land, und um Kunden zu besuchen, musste ich viel reisen. Mein Amerikanerwagen schluckte im Stadtverkehr 25 Liter, außerhalb gut die Hälfte, der Tank fasste 40 Liter, hatten die spärlichen Tankstellen an der Strecke grad keinen Strom, musste ich aus Reservekanistern nachfüllen. Doch Reservekanister waren verboten.

Das Verbot war eine Sache, eine andere, dass schlagartig mit Kriegsbeginn alle Gattungen verschließbarer Gefäße vom Markt verschwanden. Die Iraker müssen Benzin gehortet haben: in Bier- und Wasserflaschen, Essigkanistern und Einmachgläsern, wohl auch in Töpfen und Tiegeln, Teekannen und Badewannen.

Wann immer in diesen Tagen irgendetwas nicht erhältlich war, hieß es: Kuwait! Also auf nach Kuwait, 800

Kilometer und stundenlange Grenzabfertigung entfernt. Ich zog durch die Basare, erstand einige Metall-Reservekanister, eine Saugpumpe und – wo ich nun schon mal im Kaufparadies war – auch noch ein japanisches Notstromaggregat. Die Geschäfte der Kuwaiter brummten wie die Aggregate.

Wieder in Bagdad, zur Tankstelle, Wartezeit von fünf Minuten bis zu einer Stunde, zurück zum Haus, hinter der Gartenmauer vor Blicken geschützt Saugpumpe in den Einfüllstutzen des Wagens stecken, Füllen von zwei Kanistern. Zweite Tour zur Tankstelle – natürlich nicht zur selben – voll betankt erneut mit dem Wagen hinter die schützende Mauer. Und so war ich jedes Mal einen Vormittag lang beschäftigt, wenn auch nicht mit Arbeit. Staub legte sich auf den Schreibtisch. Sie merken: Staub allenthalben.

Es kam der Tag, an dem jedermann in Bagdad, der es sich leisten konnte, ein Notstromaggregat im Garten stehen hatte. Mein Kraftwerkchen befand sich auf dem Grund eines leeren Goldfischteiches, so entwich der Schall nur nach oben. Je später die Stunde, desto lauter wurde es in den Wohngegenden. Die Leute luden ihre Tiefkühltruhen auf, bis gegen Mitternacht eines nach dem anderen verstummte. Zu mehr reichte die Leistung der Motörchen meist nicht. Ruhe lag über Bagdad, die Nachtigallen schlugen, streunende Hunde kläfften.

Die Tage verrannen, die Front war weit, ich ging meinem Gewerbe nach, las den *Baghdad Observer* und verfolgte dessen neuesten hanebüchenen Verschwörungstheorien, reiste nach Nord und nach Süd, überbrachte Angebote für Maschinen und Anlagen, trank viel schwarzen, süßen Tee.

Es verschlug mich nach Kirkuk, das ist im kurdischen Norden, dort, wo seit Urzeiten das Erdpech aus dem Boden fließt und schon vor 5000 Jahren zum Kleben der gebrannten Lehmziegel verwendet wurde. Ich besuchte die Raffinerie, in der unsere Dieselmotoren, Turbinen und Kompressoren liefen, und wollte ein Angebot für Ersatzteile übergeben. Kaum saß ich nach der langen Fahrt beim Tee, heulten die Sirenen, keine Sekunde darauf waren schon Detonationen zu hören, der Betriebsingenieur rannte bleich nach draußen, durch die Fenster leuchteten die Feuer, die Raffinerie brannte an allen Ecken, somit war das Gespräch wohl beendet.

Ich flüchtete gen Süden, noch aus 20 Kilometer Entfernung war die Rauchsäule zu sehen. Zurück im Büro, berichtete ich der Firma, dass das Angebot für die Ersatzteile möglicherweise erweitert werden müsse.

Nach einem solchen Angriff konnte wieder wochenlang Ruhe herrschen. Regelmäßig besuchte ich die Kollegen im Süden, bettelte die Baustellen um ein paar Gasflaschen an, und da Benzin aus den genannten Gründen Mangelware war, fuhr ich zeitweilig wie ein früher Selbstmordattentäter mit vier Gasflaschen auf dem Dach und 80 Liter Benzin in vier Reservekanistern durch die Ebenen Mesopotamiens.

Taxis kamen entgegen, auf dem Dach festgezurrte

Särge in die rot-weiß-schwarze Landesfahne gewickelt, die Taxis wurden hinter der Front requiriert, die Fahrer hatten den Sarg gegen Quittung den trauernden Hinterbliebenen zu übergeben, dann wurden sie bezahlt – welch eine Welt!

Saddam streckte Friedensfühler aus, aber Chomeini blieb hart, er wollte nicht nur den Irak überrennen – man erinnere sich seiner Schwurhand bei der Ausweisung aus dem Irak 1978 –, sondern, einmal in Schwung, gleich zur Befreiung von Jerusalem durchmarschieren, nur 1300 Kilometer entfernt. Obzwar er die Kinder seines Gottesstaates durch die Minenfelder ins Jenseits schickte, kamen seine Truppen keinen Meter voran.

Der Bagdader Flughafen öffnete wieder, wenn auch nur nachts und mit ungewissem Flugplan. Geschäftsbesucher reisten wieder an – auch die meinen –, hatten Termine bei den Staatsorganisationen, in den Ministerien. Am nächsten Tag mussten sie dringend nach Babylon ans Ischtartor und in die Hängenden Schrebergärten der Semiramis, am darauf folgenden Tag aufs Spiralminarett in Samarra und abends schleppte der Vertreter sie noch gegen ihren Willen durch die Bagdader Nachtklubs, ins Moulin Rouge und ins Mat' am al Mat' am, dort begann die Runde.

Allmählich hatte sich der Krieg tief im Sand eingegraben und in den Sümpfen festgekrallt, Chomeini war weiter weg von Jerusalem denn je.

Kommt der Ayatollah nicht nach Jerusalem … Am

Sonntag, den 7. Juni 1981, kam Jerusalem nach Bagdad! Immerhin!

Gerade wie ich am späten Nachmittag meine Wäsche aufhängte – der Leser möge bitte nicht den Eindruck gewinnen, dies sei meine Haupt- oder gar meine Lieblingsbeschäftigung gewesen –, hörte ich eine ferne Explosion, nach einigen Minuten ertönten die Sirenen: Luftalarm. Ich fragte Bernd, den seine Frau gerade auf die Dachterrasse geschickt hatte, die Wäsche aufzuhängen, was das wohl gewesen sein könne.

»Was woiß i?«, sagte er und reichte mir ein Bier über die Brüstung.

Wir redeten über dies und das. Er war Techniker eines schwäbischen Autobauers und zog noch ein Bier unter der Wäsche hervor. Nach einer Stunde kam Entwarnung, wir stiegen hinab, er zu seiner Frau, ich zu meinem *Roten Glück*.

Am nächsten Tag erfuhr ich, was passiert war.

Die Israelis, *the zionist entity*, das Zionistische Gebilde, wie der *Baghdad Observer* zu sagen pflegte, hatten die Nuklearanlage Osirak bombardiert und den von den Franzosen gelieferten, betriebsbereiten, aber noch nicht mit spaltbarem Material bestückten Kernreaktor kaputt geschmissen. Die französischen Fachleute waren gerade zum Essen gegangen, bis auf einen. Warum gerade der eine über Tag und Stunde des Angriffs nicht Bescheid wusste, konnte nie geklärt werden.

Ich hätte noch viel zu erzählen, aber was sind meine

kleinen Erlebnisse und Unpässlichkeiten gegen millionenfaches Leid.

Das Sterben an der Front ging weiter. Saddam setzte Giftgas ein, Chomeini hetzte weiter die Kinder durch die Minenfelder.

Es herbstete im Irak. Die familienlose Zeit müsse ein Ende haben, beschloss der Familienrat. Ausschulung der Tochter in Ravensburg, Anreise mit Mutter, Einschulung in Bagdad, großes Hallo: »Die Nathalie ist wieder da!«

Zwei Monate später, gegen Ende des Jahres 1981, kam mein Chef zu der Überzeugung, dass die Firma die falschen Produkte herstellte – Webmaschinen und Pumpen, Turbinen, Schiffsdiesel und Papiermaschinen, aber keine Haubitzen, keine Flab, keine Giftgasanlagen, keine Munition oder Fesselballons oder sonst Kriegswichtiges, sofern Klopapier nicht als solches eingestuft wird –, dass also friedliche Geschäfte in Kriegszeiten nicht zu erwarten sind.

Zur Jahreswende schulten wir die Nathalie wieder aus, flogen nach insgesamt sechs Jahren im Irak nach Jordanien, fuhren zur Allenby-Bridge und gingen über den Jordan. Nach alledem, was wir im *Baghdad Observer* gelesen hatten, wollten wir das legendäre Zionistische Gebilde nun einmal mit eigenen Augen betrachten.

DIE SIEBZEHNTE STORY

Aus den Augen, aus dem Sinn

S'Fernweh macht d'Ehe hee!

Gereon v. Wäsch

Der Tingel Hermann, der Richtmeister mit dem Traum von Südamerika, hat über Jahrzehnte fern der Heimat und seiner Frau geschafft, wie wir Schwaben sagen, und es dabei auch geschafft, eine Ehe zu führen – eine! Ein Schelm, der sagt: eben drum! Der Tingel war eine Ausnahme unter den Berufs-Globetrottern, nicht jede junge Dame eignet sich zur Seemannsbraut und nicht jeder Reisende ist ein fahrender Mönch.

Schauen wir mal dem jungen Bertlmaier zu, wie der sein Leben anpackt:

Der Bertlmaier lernt einen zupackenden Beruf, er wird Maschinenschlosser bei der Maschinenfabrik Hauser. Er schafft beim Hauser, sagt man im Schwäbischen. Der Gründer liegt schon lange im Mausoleum auf dem Hauptfriedhof, aber sein Geist wacht in den

Werkstätten und seine mit dem Vorschlaghammer geschmiedeten Sprüche sind Legende:

Mach deine Arbeit gut und recht,
das geht genauso schnell wie schlecht!

Das ist frei ins Hochdeutsche übersetzt!

Die Firma verkauft ihre Filteranlagen nicht nur im Sprengel, wo die Glocken läuten, sondern auch in Länder, in denen der Muezzin ruft, die Gebetsmühlen eiern, Totempfähle stehen, und in Weltgegenden, die von vielköpfigen Göttern und Schlangen regiert werden.

Mit dem Gesellenbrief bekommt der Bertlmaier den ersten Lohn. In der Montagehalle hilft er erfahrenen Mechanikern, die Filter zusammenzuschrauben, dann schauen sie zu, dass die Trommeln sich drehen und nicht quietschen. Wenn alles rund läuft, zerlegen sie die Maschinen wieder in Einzelteile, die in Kisten und Container passen, dann nageln sie die Kisten zu und machen das Hallentor auf.

Weg sind die Kisten und Container, auf dem Weg in die Wüste, in den Dschungel oder sonst wohin – auswärts halt. Ins Auswärtige schickt die Firma einen erfahrenen Mann, den Eugen, der die Nägel aus den Kisten zieht, die Filter unter fremder Sonne auspackt, sorgfältig ins Wasser stellt und so verschraubt, dass die Trommeln sich drehen und nicht quietschen. Dann legt der Eugen den Riemen auf und lässt sich von der Kundschaft ein Papier unterschreiben. »Läuft!« Ist der Kunde zufrieden, bestellt er gleich drauf eine zweite Maschine im Schwabenland, wenn sie aber qualmt und stinkt, nie wieder.

»Der Auslandsmonteur ist wichtiger als die ganze Werkstatt«, pflegt der Eugen zu sagen, wenn er dort mal vorbeischaut. So macht er sich Freunde.

Falls Sie sich fragen, wie und warum er die Maschinen in der Wüste ins Wasser stellt: Im Wasser bedeutet waagrecht, mit der Wasserwaage, nicht in die Pfütze.

Die Maschinen werden immer größer, es pressiert auch immer mehr und so braucht der Eugen eines Tages einen guten Mitarbeiter und wegen des lädierten Rückens wohl auch bald einen Nachfolger. Die Wahl des Montagebüros fällt auf den Bertlmaier.

»Hast du Lust, auf Montage zu gehen?«

Der Bertlmaier weiß, dies ist eine rhetorische Frage. Trotzdem fragt er die Mutter Bertlmaier, auch den Vater samt Stammtisch, die Kumpel, die Kollegen und wen er auf dem Marktplatz trifft. Alle sagen was anderes, weil sie eine Meinung, aber keine Ahnung haben. Die Braut ist grundsätzlich dagegen, aber die Mitgift wird eher mager ausfallen und was ist ein Schwabe ohne Häusle?

Bald sehen wir unseren guten Bertlmaier, wie er in Dammam in Saudi-Arabien mit dem Schraubenschlüssel hantiert. Mit Handschuhen muss er den glühend heißen Schlüssel anfassen, das Klima ist mörderisch und die Termine sind ebenso heiß. Er schaut sich beim Eugen ab, wie man mit fremden Arbeitskräften umgeht, auf dass sie am gleichen Strick in die gleiche Richtung ziehen und nicht am Dienstag demontieren, was am Montag montiert wurde, damit es länger dauert. Nebenbei lernt er auch ohne viel Mühe die Lingua franca der Baustellen, eine Art Bananen-Englisch, kurze Sätze mit rustikaler Grammatik, ohne hinderliche Adjektive, bestens geeignet für klare Botschaften. Diese wurden dann auch immer und überall von jedermann verstanden, nur englische Kollegen kamen bisweilen ins Grübeln.

Am Abend liest er die Heimatzeitung und lässt sich einen Bart wachsen, während der Eugen in der Küche Birnenschnaps brennt.

Pünktlich steht die Anlage und läuft, beide packen ihre Koffer, fliegen nach Hause und gleich weiter nach Bombay oder gar nach Mumbai.

Der Bertlmaier verdient ja nun schon ein Sümmchen, und wenn er länger als ein halbes Jahr draußen ist, sieht das heimatliche Finanzamt nichts vom Lohn, dafür bekommt das Gastland ein paar Rupien oder Dirhams oder wie sie da sagen. Außerdem zahlt ihm seine Firma noch eine Auslöse. Das ist das Tagegeld, von dem er in der Fremde leben soll. Den Sparsamen bleibt davon immer etwas übrig und überhaupt arbeitet man auf so einer Baustelle keine fünf, sondern sechs Tage, oft sieben, gerne auch acht, falls das ginge, aber schon gar keine acht Stunden, sondern zehn. Was sollen die armen Kerle auch machen, außer zu arbeiten? Also gibt es noch einen saftigen Überstundenzuschlag.

Bauen sie an einer großen Fabrikanlage, nimmt der

Bertlmaier alle drei bis sechs Monate einen Kurzurlaub, nach eineinhalb Jahren ist die Fabrik fertig. Wenn er heimkommt, muss er seiner Frau erzählen, wie's war, aber erst, nachdem er ein dunkles Weizenbier getrunken hat.

Der erfahrene Eugen geht in den Ruhestand, und weil der Bertlmaier fleißig ist und sein Metier beherrscht, steigt er auf, erst zum Obermonteur, dann zum Chefmonteur. Der Lohn klettert mit, aber das Wichtigste ist: Er kann seine Frau und das Söhnchen mit auf die nächste Baustelle nehmen. Sohnemann hat Auslauf, einen Sandkasten vom Roten Meer bis zum Persischen Golf, lernt Schwimmen mit seinen eineinhalb Jahren wie ein Delfin, kommt nur zum Atmen an die Oberfläche und widersteht durch seine intensive Bodennähe im Gemüse- und Fleischbasar lebenslang allen Viren, Bakterien, Amöben und Einzellern der Welt.

Bevor seine Frau in die Wüste fliegt, kauft sie noch ein Wiesle oder ein baureifes Äckerle. Beim nächsten Urlaub wird der Architekt bestellt, beim übernächsten Heimflug die Baufirma beauftragt, das Häuschen zu bauen. Wann man denn endlich drum herumlaufen könne? Ein Haus, um das man nicht herumlaufen kann, ist kein Haus, sondern eine Behausung. Beim Richtfest ist der Bertlmaier voll dabei, seine Frau begleitet ihn noch ein paar Jährchen in die Baustellencamps, aber dann muss der Bub in die Schule.

In den großen Städten der Welt gibt es Deutsche Schulen, auch große Baustellen haben bisweilen eigene

Lehrer, aber leider nicht in Prabumulih. Das liegt hinter Palambang. Das Essen schmeckt ihm hier so vorzüglich wie das Guinnessbier. Die Mädchen sind sanft in Indonesien.

Einmal die Woche Anruf zu Hause, stundenlange Wartezeiten.

»Wann kommst du, Papi?« Der Wagen sei mehr in der Werkstatt gestanden, als gefahren, sagt sie, es ging nicht anders, der neue sei metallic-grün, ob das recht sei?

So gehen die Jahre ins Schwabenland, alle paar Monate steht er in der Haustüre, nimmt den Stammplatz vor dem Fernseher in Beschlag, meckert, wenn es Blaukraut gibt. Er ist weniger Quartalsstörenfried als überflüssig. Am Stammtisch verstehen sie nicht, was er erzählt.

»Wiedereinreisevisum, was ist denn das?«

Anfänglich hören sie noch andächtig zu, es interessiert sie eigentlich nicht so recht. Er verdächtigt die Kameraden zu glauben, er hielte sich für was Besseres. Also hält er in Zukunft seinen Mund. Ihre Probleme sind ohnehin nicht mehr die seinen.

»Was für ein Winter!« Zum Schneeschippen sei er auch nicht da gewesen, sagt die Frau. »Wenn man die Kerle mal braucht!«

Der Lohn fließt wie der Schweiß, der Kredit für das Häuschen schrumpft. Ein größeres Auto muss sein, der Kinderwagen für die Zwillinge ist in dem alten grünen nicht unterzubringen.

Unterdessen ist Bertlmaier Ende dreißig und eigentlich schon ein gemachter Mann. Nun wäre der allerallerletzte Zeitpunkt gekommen, den Salto rückwärts zu wagen, den Salto mit Schraube zurück in die Firma, zurück ins Glied, wieder an die Werkbank.

Doch bereits der Gedanke an die heimische Werkstatt treibt ihm den Schweiß auf die Stirn – wie auf Sumatra. Im Dschungel ist er der Chef, der Manager mit Firmenwagen. Keiner ist über ihm außer dem lieben Gott oder Allah. Jedenfalls keiner, der ihm sagt, jetzt machst du das und morgen früh jenes. Abends sitzt er vor seinem Bungalow und einem Guinness, die Sonne geht hinter dem Swimmingpool unter, wabernder Tropennebel steigt aus dem feuchten Urwald, eine weiße Gestalt schwebt über der Terrasse wie ein Alb. Der ist dem Werkstattmeister wie aus dem Gesicht geschnitten und sagt:

»Ja etz guck au, der Bertlmaier, ja auf dich haben wir mit Sehnsucht gewartet. Jetzt machst du das und morgen früh jenes. Nein, wir haben keine 150 Hilfskräfte, pack mal selber mit an. Gott sei Dank bist du wieder da. Die letzten zehn Jahre haben wir gar nicht gewusst, wie herum die Däumchen drehen.«

Und der Nebel wird dichter und der Bertlmaier sieht sich jeden Morgen mit dem Vesperbrot in die Bude laufen, bis der Bart schimmelt. Mit dem verschimmelten Bart sitzt er dann auf dem Bänkle vor dem Haus und erzählt den Enkeln von der Montasch in Arabien und in Indien und davon, wie in Papua-Neuguinea der

Turmdrehkran umgestürzt ist. So lange, bis die Enkel nur noch zu den vier Festen kommen, weil sie die Geschichte von dem umgestürzten Turmdrehkran in Papua-Neuguinea schon kennen.

Der Nebel verzieht sich, Bertlmaier nimmt den letzten Schluck vom schwarzen Guinness. In die Werkstatt zurück, nie und nimmer!

Nächste Baustelle Krasnojarsk. Das war seinerzeit weit hinter dem Eisernen Vorhang. Einmal die Woche Anruf zu Hause, stundenlange Wartezeiten. Die Heizung funktioniere nicht recht, sie frören. Er auch, was sie wohl glaubten, wo Krasnojarsk liegt?

Krasnojarsk ist die Liebe auf den ersten Blick, genau genommen die Serviererin in der Kantine. Sie wirft den ersten Blick zurück, es kommt zum zweiten und zum Gespräch. Sie hat Schwermaschinenbau studiert, Jobs sind rar in Sibirien, das Gespräch verstummt, alles Wesentliche ist gesagt. Die beiden sind mehr praktisch veranlagt. Wo die Liebe eben hinfällt! Hauptsache, sie steht am nächsten Tag wieder auf.

Nicht gänzlich ausschließen kann man, dass die Initiative ein klein bitzele von der Elena ausgegangen ist. Aber so wollen wir sie ja, unsere Traumfrauen: selbstbewusst und gleichberechtigt. Ganz genau konnten wir nicht sehen, wie das lief, denn der Eiserne Vorhang war ja zu. Für Elena öffnete sich der Vorhang einen engen Spalt, grad so, dass sie noch durchschlüpfen konnte im sechsten Monat.

Nach der Scheidung – die Kinder bleiben bei der Frau im Ländle und im Häuschen – macht der Bertlmaier eine einfache Rechnung auf. Den Salto rückwärts kann er sich nun nicht mehr leisten, eigentlich überhaupt keine Sprünge mehr.

Das war nun der erste Akt, jetzt kommt der zweite.

Nach Abu Dhabi geht die Elena gerne mit, im Marina Meridian Club ist gut leben, von Portoscuso auf Sardinien ist sie begeistert, aber nach Lagos möchte sie mit Töchterchen eher nicht. Ursprünglich wollte sie ja in den Westen und nicht in den Süden. In der neuen Wohnung will sie bleiben, ein angemessenes Auto muss auch sein, schon wegen des Kinderwagens.

Nun sitzt der Bertlmaier wieder alleine in der Kantine, aber nicht in Krasnojarsk, sondern im Kombinat Eisenhüttenstadt, schaut sinnierend durch sein halb leeres Bierglas hinaus in den Nieselregen und auf die Hochöfen, aus denen giftgelbe Schwaden zum Himmel stinken.

Lassen wir ihn in Ruhe austrinken und bringen zum Schluss noch etwas Sonne in diese trostlose Geschichte. Wie wär's mit der Karibik? Hören Sie die Steelpan-Musik?

Ich lernte mal auf einer Wüstenbaustelle ein Dutzend junger und sich jung fühlender Monteure, Instrumentierfachleute, Elektriker und Verfahrensingenieure kennen. Die hatte ihre Firma nach Barbados entsandt, um eine Zuckerfabrik zu bauen. Sie haben richtig gehört:

Barbados in der Karibik, Inseln über dem Winde, südlicher Abschnitt.

Ich zitiere aus einem vergilbten Reiseprospekt:

»Barbados … kann sich als schönstes Urlaubsziel der Welt bezeichnen … Schwimmen, Tauchen, Wasserski, Segeln, Windsurfen, an feinen weißen, auch rosafarbenen und honiggelben Sandstränden.«

Damit wäre eigentlich schon alles gesagt und ich könnte mit den Gebrüdern Grimm enden: Und wenn sie nicht gestorben sind …! Die Truppe wurde allerdings knapp vor ihrem Ableben gerettet, sonst hätte ich sie ja nicht kennengelernt, aber ich greife vor.

Die meisten reisten alleine an. Ein bärtiger Scherz ging in der Firma um. Demzufolge sei die Karibik viel zu weit weg für die Ehefrauen. Derselbe Scherz galt wahlweise auch für Thailand und Ozeanien, aber das ist ja nun wirklich weit weg.

Und weiter informiert uns der Prospekt über Barbados:

Die Insel, ein Paradies für Liebhaber …

Bei der Fertigstellung und Inbetriebnahme der Fabrik traten unerklärliche Erscheinungen auf. Wie durch Voodoozauber öffnete sich die Fabrikschranke, wenn die Kesselbrenner gezündet wurden. Mal karamellisierte der Zucker, mal war er zu süß. Die Spezialisten wiegten besorgt die Köpfe, ihre weitere Anwesenheit war unumgänglich, so ging das monatelang.

Schließen Sie die Augen! Was sehen Sie?

Sehen Sie! Nur ein verbiesterter Streber oder ein ausgemachter Depp würde auf seine schnelle Vertreibung aus dem Paradies hinmalochen. Nach geraumer Zeit entsandte die besorgte Direktion einen forschen Herrn aus der Projektleitung auf die Insel. Wie ein tropischer Wirbelsturm drohten die Verzugsstrafen das Finanzgebäude der Firma zum Einsturz zu bringen. Der Herr schaute nach dem Rechten – aber ganz genau –, dann nach dem Linken – noch genauer –, in jeden Topf und jeden Tiegel, konnte und konnte nichts finden, über seine Nachforschungen verfiel der gebuchte Rückflug.

Auf meinen Baustellen im staubigen, verschwitzten Irak ist so etwas nie vorgekommen. Mag aber auch sein, dass ich beim Ausflug in die Karibik dem Affen etwas Zucker aus der Fabrik gegeben habe.

Haben Sie gesehen, wie sich die Miene von Bertlmaier aufhellt? Er muss uns gefolgt sein. Statt im Neonlicht der Kantine in Eisenhüttenstadt hinter dem Bierglas zu sitzen, steht er bis zum Hals im gekühlten Swimmingpool, einen langen Strohhalm im Mund, der Halm führt geradewegs in ein Glas giftgrünen eisgekühlten Caipirinha. Das Glas steht auf dem Rand des Schwimmbeckens und dahinter ein braunes, keineswegs eisgekühltes Mädchen, das Bertlmaier nach seinen Wünschen fragt.

Wer Fantasie hat, mag den Faden weiterspinnen. Ich

möchte nun einen Knopf dranmachen und den Bertlmaier in Pattaya besuchen. Dort lebt er auf seiner letzten Baustelle von dem, was ihm von der Rente bleibt. So hat er es gewollt, nicht verhindert oder die Umstände waren halt so. Solange er nicht gestorben ist, erzählt er dem blütenzarten Wesen, das mitsamt seiner Großfamilie von seiner Rente zehrt, die Geschichte vom umgestürzten Turmdrehkran in Papua-Neuguinea, bis er eines Tages in die allerletzte Baugrube fällt.

Wir aber halten uns an Johannes 8,7:

Wer unter euch ohne Sünde ist,
der werfe den ersten Stein …

DIE ACHTZEHNTE STORY

Im Lande, wo die Hähne lecken

Der Leser erhält Ratschläge für die Benutzung des stillen Örtchens »Eastern Style«, auch »Natural-Position Toilet« genannt.

An einem geruhsamen iranischen Feierabend saß ich auf dem Kanapee, Stil Louis Faruk, trank ein Gläschen Tee und hörte die Nachrichten der kurzen Deutschen Welle. Das Auf und Ab der Welle und das Rauschen des Meeres übertönte bisweilen die Sprecherin. Für Augenblicke ging ihre Stimme in der tosenden Brandung unter, dann tauchte sie wieder auf. Die Dame arbeitete wohl am Strand, wo andere Urlaub machen? Welch ein Leben!

Nach dem Neuesten aus der Welt sprach die Moderatorin mit dem Projektleiter einer staatlichen Hilfsorganisation. Der wackere Mann war auf Heimaturlaub und berichtete vom Wiederaufbau eines Krankenhauses im Süden Afghanistans.

»Wie läuft es denn so, Herr Dr. Dobler?«

»Verehrte Frau Härle, da haben Sie eine sehr gute Frage gestellt. Leider läuft es gar nicht!«

Er meinte das Wasser aus der Leitung. Das örtliche Krankenhaus, das sie wieder aufgebaut hatten, erhalte nur stundenweise Wasser aus dem Wasserwerk und just dann, wenn das Personal dringend Wasser benötige, gluckere und stöhne es nur dumpf in der Leitung und aus dem Hahn bliesen einem nur fauliger Odem und rostige Tropfen ins Gesicht.

»Aber, gottlob, sehr verehrte Frau Härle, haben wir das richtige Personal vor Ort«, sagte der Dr. Dobler, »unsere ausgewiesenen Fachleute haben das Problem studiert und unserer Geschäftsführung ein komprehensives Dossier zur Behebung der Misere vorgelegt.«

Komprehensiv – aha!

Ich fragte mich, wieso sind da ausgewiesene Experten am Werk? Warum sind diese Experten nun ausgerechnet nach Afghanistan ausgewiesen worden? Da fuhr der Projektleiter schon fort: Die Herren schlügen vor, einen Wassertank auf das Dach des Krankenhauses zu stellen. Mich riss es vom Diwan: Das ist die Lösung!

Danach brachte die Deutsche Welle ein rauschendes Konzert, so hatte ich Muße, über das Gehörte nachzudenken.

Östlich von Suez – so sagte man früher – haben alle Häuser einen Wassertank auf dem Dach. Gar alle, weil in dieser Weltgegend Wasser oft nur stundenweise aus dem Netz kommt! Im Erdgeschoss eines jeden Hauses steht ebenfalls ein Tank, in diesen plätschert das Wasser, wenn es denn fließt. Und wenn der Strom fließt, fördert eine Pumpe es in den Dachtank. Dort wird es von der Sonne gewärmt und so hat jeder, so er denn weise damit umgeht, immer einen Vorrat an warmem Wasser.

Kaltes Wasser entnimmt man dem Warmwasserboiler. Das weiß im Osten jedes Kind! Warum also – beim Barte des Propheten – haben sich die ausgewiesenen Experten den eigenen Kopf zerbrochen, bildlich gesprochen, und nicht Abdallah gefragt, den Aprikosenbauern? Abdallah hätte ihnen geantwortet: »Bei Allah, dem Allbarmherzigen. Der Muhandis vom Wasserwerk liefert morgens ein Tröpflein Wasser, dann legt er sich erschöpft von der Arbeit in den Schatten meiner Aprikosenbäume. Mögen ihm Zunge und Hals verdorren. Aber wir haben ja einen Tank auf unserem Dach, alhamdulillah – Friede sei mit dir!«

Freilich ist ein Tank kein langfristiges Mittel gegen den Wassermangel, denn irgendwann ist auch der größte Behälter leer. Ich bin auch ein Muhandis, ein Ingenieur, und was ich zu diesem Thema zu sagen habe, gilt für sämtliche Länder des Nahen und Mittleren Ostens: Das kostbare Wasser wird überall maßlos verschwendet, es läuft nutzlos davon, verdunstet und wird nie wieder gesehen.

Wer hören will, der höre! Ich steige aufs Dach und rufe: »Ihr Völker der Wüsten, die ihr auf dem Trockenen sitzt, hört auf mich, repariert eure Klospülungen!«

Ich hoffe, dass meine Stimme trotz des allgegenwärtigen Plätscherns auch gehört wird und rufe hinterher:

»Und wenn ihr nicht wisst, wie's geht, fragt mich, ich bin der größte lebende Klosettspül-Reparatör!«

Um uns die Größenordnung des Problems vor Augen zu führen, machen wir ein Gedankenexperiment: Im Mittleren Osten haben, sagen wir mal, 100 Millionen städtische und dörfliche Bewohner Zugang zu fließendem Wasser sowie einer Toilette, meist östlicher Bauart, türkisch, vornehm *Eastern Style.* Alle Spülungen lecken, aber nicht jede Spülung leckt gleich stark. Lassen wir im Mittel zwei Liter pro Minute in das Abwasserrohr strömen, nehmen die zwei Liter mal 60 und mal 24, weil es ja auch nächtens rinnt, multiplizieren das Resultat mit den besagten 100 Millionen Lecks, dividieren wegen der Kubikmeter durch 1000. Haben Sie's? Das ist die Schüttung des Rheins unterhalb der Drosselgasse, das ist mehr kostbares Wasser, als über den ersten Nilkatarakt strömt und tausendmal mehr, als den Jordan in seinen besten Tagen hinuntergeflossen ist. Mag ja sein, dass ich mich verrechnet habe, jedenfalls ist der Jordan in diesen Tagen ein armseliges Rinnsal. Wer über den Jordan gehen muss, kommt trockenen Fußes ins Gelobte Land.

Aus gegebenem Anlass wollen Sie sich ein Örtchen des Geschehens einmal näher anschauen.

Bitte sehr:

Sie sind in Firuzkuh – wo immer das ist – in einem Restaurant und betreten die Toilette. Falls Sie das Thema im Detail nicht interessiert, warten Sie bitte draußen.

An der Seitenwand hängt ein Wasserschlauch. Sehen Sie, auch der Schlauch ist nicht dicht und setzt das ganze Kabinett unter Wasser. In der Vormoderne stand zum selben Zweck wie der Schlauch eine kupferne Schnabelkanne bereit, heute ist es eine solche aus Plastik.

Hören Sie? Es plätschert – das Schwimmerventil ist undicht. Legen Sie den Türriegel vor. Nun stellen Sie sich auf die zwei leicht erhabenen Tritte über dem Bodenbecken. Als erfahrener Morgenlandreisender verrate ich Ihnen nun eines der bestgehüteten Geheimnisse des Orients: Ziehen Sie die Hose aus! Falls Sie HosenträgerIn sind! Gut, dass Sie nicht schon weitergeblättert haben. Zum Ablegen der Hose müssen Sie frei auf einem Bein stehen, weil der Boden patschnass ist und glitschig und Sie sich nirgendwo festhalten können. Haben Sie das linke Hosenbein schon in der Hand? Sie sind zu schnell! Bevor Sie das Hosenbein über den Fuß ziehen, sollten Sie den Schuh ausziehen, wegen der nassen Sohle.

Haben Sie das linke Hosenbein unter den Arm geklemmt, dann steigen Sie wieder in den linken Schuh. Dann rechtes Bein heben, den rechten Schuh ablegen, nicht hüpfen. Wenn Sie aus dem Gleichgewicht geraten, bekommen Sie nasse Socken, mindestens.

Bisweilen findet sich ein Haken an der Wand für die Hose, meist jedoch nicht, Papier nie.

Stehen Sie auch richtig herum? Na bitte!

Lassen Sie ja nicht die Schnürsenkel herunterhängen!

Nehmen Sie nun die *Natural Position* ein!

Wenn Sie zum Schlauch greifen, achten Sie darauf, dass Sie nicht den Hahn mit dem kochend heißen Wasser erwischen.

So weit, so gut. Jetzt das Ganze im Rückwärtsgang.

Bitte?

Sie hätten vorher die Schnürsenkel nicht zubinden sollen, das war ziemlich voreilig!

Wir wiederholen die Grundübungen, und da es auch im Morgenlande Abend wird, versuchen wir's mal im Stockfinsteren. Sie haben immer eine Taschenlampe dabei? Gut! Dann klemmen Sie sich bitte die Lampe mit dem Hosenbein alternierend unter die Achseln, linkes Bein hoch, Lampe unter der rechten Achsel und vice versa.

Sie können die Taschenlampe auch mit den Zähnen halten.

Bevor Sie das Kabinett verlassen, ziehen Sie an der Kette wie früher daheim, öffnen Sie aber vorher die Tür. Nach dem Zug an der Kette springen Sie mit einem Satz ins Freie, es bleiben Ihnen ein bis eineinhalb Sekunden, vorausgesetzt, es ist überhaupt Wasser im Hochbecken.

Bitte?

Anfängerpech! Kann jedem passieren, trösten Sie sich, nach wenigen Jahren wird Ihnen der Bewegungsablauf in Fleisch und Blut übergegangen sein.

Ich habe noch was vergessen: Bevor Sie das Kabinett aufsuchen, lernen Sie kurz die Landessprache, Arabisch, Kurdisch, Paschtu, hier in Firuzkuh Farsi, sonst betreten Sie womöglich die Damenabteilung, falls Sie keine Dame sind, oder die Herrenabteilung, falls Sie kein Herr sind, und bekommen richtig Ärger.

Zurück zum Thema Wasserverschwendung.

In den Jahren im Orient habe ich in unseren Wohnungen und Häusern unzählige leckende Spülungen repariert, oft mehrfach, eigentlich regelmäßig, getreu dem uralten Monteurwitzchen: Wo ich bin, läuft nichts, aber ich kann ja nicht überall sein! Das ist spaßig gemeint, aber im Falle der Klospülungen trifft es zu, leider. Für ein paar Stündchen, ein paar Tage vielleicht, lief nichts, dann rauschte es wieder wie in der Breitachklamm.

Ich habe in *Western Style-* und *Eastern Style-*Örtchen gearbeitet, Hochbehälter und Vorlagetanks demontiert, Schwimmer aus Styropor und Plastikballons ausgewechselt, ich habe Düsen aufgebohrt, Schwimmerarme zurechtgebogen, jeden zweiten dabei abgebrochen und balkanisch geflucht. Es war schwer, Schritt zu halten mit den modernen Zeiten. Jede Ingenieurgeneration brennt vor Ehrgeiz, ein neues Toilettenspülmodell unausgereift und im frühen Entwicklungsstadium auf den nahöstlichen Markt zu bringen. Ich bin überzeugt, dass die Zahl der Klospülpatente diejenige für Kartoffelschäler und Handys weit übertrifft.

Darüber hätte die Deutsche Welle einmal berichten sollen, statt mit ausgewiesenen Experten am Strand herumzuliegen!

Nun habe ich resigniert, habe dem Nahen und Mittleren Osten den Rücken gekehrt und lasse die Wasser rauschen. Sobald ich mit den Orientgeschichten fertig bin, werde ich wissenschaftlich nachweisen, dass die Ausbreitung der Wüsten im Sahel, das Ansteigen des Meeresspiegels, die Überschwemmungen in Bangladesh und die ganze Klimakatastrophe einzig und allein darauf zurückzuführen sind, dass 99 von 100 Klospülungen im Morgenlande lecken. Was sage ich: Hundert? Millionen sind's!

PS: Reichen Sie im Orient bitte niemandem die linke Hand. Niemals! Und wenn Sie in Pakistan übers Land reisen, heben Sie hinter den Büschen keine runden Steine auf.

DIE NEUNZEHNTE STORY

Die Supp' ist heiß

Brennend heißer Wüstensand,
fern, so fern das Heimatland,
kein Gruß, kein Herz, kein Kuss, kein Scherz.
Alles liegt so weit, so weit!
Freddy Quinn, 1956

Sie singen nicht mit? Sie sind erkältet? Gute Besserung! Aber Sie erinnern sich an den Refrain? *So schön, schön war die Zeit – so schön, schön war die Zeit.* Im nächsten Vers beklagt sich Herr Quinn: *Viele Jahre schwere Fron, harte Arbeit, karger Lohn.* Ich schließe die Augen.

So wie der Sänger habe ich gelebt auf meinen Baustellen fern der Heimat: kein lockeres Späßchen auf den harten, ungeküssten Lippen, die dünne Lohntüte in den schwieligen Händen.

Könnte sein, dass mich meine Erinnerung ein wenig trügt – alles liegt so weit, so weit. Nicht auszuschließen, dass ich nach einer solch tristen Erfahrung kein zweites Mal den Koffer gepackt hätte!

»Und wenn's kein Bier gegeben hätte ...!« Das war meine Frau!

Aber heiß war's, da hat der Quinn recht mit seiner Schmonzette, allerdings nicht brennend heiß. Nur Unbedarfte setzen sich der prallen Wüstensonne aus und holen sich einen Sonnenbrand. Mörderisch passt auch nicht. Auf unseren Baustellen gab es keine Hitzetoten, Allah sei Dank. Mancher ächzte unter der brütenden Hitze. Ich bitte Sie, sind wir denn Hühnereier? Eher schon verschlang uns die Hitze wie brodelnder Schlamm, sie sprang uns an wie ein brüllendes Tier. Mir scheint, unsere Sprache ist der Hitze nicht gewachsen. Aber nicht nur die Sprache: Wir litten körperlich und seelisch, die Hitze spielt sich auch im Kopf ab.

Unseren einheimischen Mitarbeitern setzte die Hitze noch mehr zu als uns Bleichgesichtern. Warum? Weil die Kollegen nicht genug Schlaf bekamen. Im sommerlichen Arabien erstirbt das öffentliche Leben am späten Vormittag, die Menschen verkriechen sich in ihren Häusern und strecken alle viere von sich. So halten es die Araber seit Menschengedenken und so ist es auch vernünftig.

Am späten Nachmittag erwacht das Leben wieder, die Menschen gehen erneut ihrem Gewerbe nach, später sitzen die Männer zusammen bei Tee und Wasserpfeife, die Nachbarinnen schwatzen bis weit in die Kühle der Nacht hinein. Noch gegen Mitternacht tollen die Kinder herum, Vater Ibrahim und Onkel Mustafa gehörten längstens ins Bett. Ihre Baustelle beginnt um sechs, die Arbeit dauert ohne Siesta zehn Stunden oder mehr.

Das ist der Fortschritt.

In Deutschland mit seinem gesegneten Klima hören die Mitbürger bei 18 Grad auf, über die Kälte zu jammern, bei 25 Grad beginnen sie, über die Hitze zu stöhnen. In der sieben Grad langen Pause herrscht jammer- und stöhnfreie Stille. Sind 30 Grad angesagt, gibt die fürsorgliche Zeitung die ersten Überlebenstipps, spätestens bei 35 erhält die Hitze das Attribut tropisch. Dabei steigt das Thermometer in den Tropen selten über 35 Grad, dafür ist die Luft so feucht wie ein Waschlappen. Die Leute verwechseln halt die Tropen mit den heißen Subtropen. Dabei ist der Unterschied leicht zu merken: Die Subtropen sind heiß wie die Supp'! Das feuchte Klima der Tropen bleicht den Menschen und er schimmelt wie Roquefort. Und weil es im Dschungel immer gleich warm und feucht ist und sommers wie winters das immer gleiche eintönige Wetter herrscht, wurden all die britischen, holländischen, französischen und portugiesischen Kautschukpflanzer und Kolonisten auf ihren entlegenen Plantagen rammdösig, verfielen dem Suff und erschossen sich im Delirium.

Auf unseren Baustellen erschoss sich niemand. Allah sei Dank.

Merke: Heiß ist es, wenn …

- … Sie die nasse Wäsche auf die Leine hängen, zurück auf Los gehen und die Wäsche umgehend knochentrocken wieder abhängen.

- … Sie im Auto mit aufgedrehter Heizung herumfahren und es erst im September bemerken.
- … Sie ins Restaurant einen Pullover mitnehmen müssen.
- … um ein Uhr nachmittags *mad dogs* im Freien herumlaufen.
- … um zwei Uhr nachmittags *englishmen* im Freien herumlaufen.
- … Sie Ihre seit letzten Oktober kaputten Klimageräte ausbauen und zur Werkstatt bringen.
- … die vom Lufthansel von zu Hause eingeflogene Weihnachtstanne, die Sie mitsamt Wurzelballen und Lametta in den Garten verpflanzt und wochenlang rund um die Uhr liebevoll mit Wasser besprüht haben, binnen einer Stunde schlagartig alle Nadeln abwirft.
- … an der grünen Verkehrsampel ein Hupkonzert einsetzt, wenn Sie nicht innerhalb einer Zehntelsekunde losfahren.
- … in der Hauptstadt eine Revolution ausbricht.
- … meine Frau nach dem Tennisschläger greift.
- … der Weihnachtsbaum nadelfrei eintrifft, weil er per Schiff versandt wurde, um die Flugkosten zu sparen.
- … Sie dreimal am Tag bei der Werkstatt nachfragen,

wann denn nun endlich die Klimageräte eingebaut würden.

- … Ihr Thermometer 110 Grad anzeigt – Fahrenheit, nicht Celsius!
- … es in der Wüste regnet und der Boden trocken bleibt.
- … das Eiweiß gerinnt – auch das in Kalbs- und sonstigen Hirnen.
- … meine Frau auf dem Tennisplatz den Pullover ablegt.
- … Ihre Blase wegen der Klimaanlage chronisch entzündet ist.
- … Sie 90 Grad Fahrenheit mit dem rechten Winkel verwechseln.
- … sich die Wüstenbewohner ihr Kopftuch tief ins Gesicht ziehen, während fremden Kulturen aufgeschlossene Touristinnen versuchen, sich der nackten und braun gebrannten Landschaft anzupassen.

Erlauben Sie mir, den erwähnten nacktbeinigen, rückenfreien, bauchfreien, im weitesten Sinne also von überkommenen textilen Zwängen befreiten Bildungsreisenden eine kurze Einführung in die Geheimnisse der hitzegerechten Garderobe zu geben:

Die Frauen der Wüste tragen die Abaya oder den schwarzen Tschador, die Wüstenmänner den weißen Dischdasch. Darunter tragen die Männer Netzhemden und Schalke 04-Hosen – ersatzweise Hertha BSC. Die Frauen tragen unter dem Tschador, was die Schotten unter den Röcken tragen. Mehr oder weniger.

Bevor Sie sich wegen der scheinbar durch die schwarze Farbe benachteiligten Damen empören, lüften wir den Tschador ein wenig für eine physikalische Betrachtung.

Siehe hierzu Gereon v. Wäsch: *Thermodynamische Prozesse unter subtropischer Damenoberbekleidung*. Der Autor weist anhand von empirischen Untersuchungen nach, dass unter einem weißen Männergewand identische Temperaturen herrschen wie unter einem schwarzen Tschador, weil bei diesem eine stärkere Absorption des Sonnenlichts erfolgt und somit eine erhöhte freie Konvektion entsteht. Starke Absorption und freie Konvektion sind nichts Unanständiges, das ist ein Missverständnis.

Verweilen wir noch kurz unter dem soeben gelüfteten Tschador und gehen in den Iran. Im Gottesstaat wird das Klima gleich zweifach aufgeheizt, einerseits von der Sonneneinstrahlung, andererseits von der Obrigkeit. In der Folge trägt die Iranerin im Sommer ein dunkles Kopftuch, einen knöchellangen Mantel und hierzu passende dunkelgraue Wollsocken, im Winter schwarze. Bis dato bleiben die Hände der Damen bis zu den Handgelenken noch unbedeckt, hinter den Gelenken und über den Fußknöcheln beginnt der Eros, aber das ist eine andere Baustelle.

Sollten Sie über dieses heiße Thema ins Schwitzen geraten sein, machen Sie's doch wie der Polier Schlauch:

Wenn der Schlauch nach dem hitzigen Gefecht des Tages sein Häuschen betritt, braucht er drei Utensilien: eine Flasche eiskaltes Bier, einen Hocker und seinen gelben Baustellenhelm. Er nimmt Bier und Helm, geht ins Bad, der Hocker ist bereits dort.

Gleich werden Sie sehen, wozu ein Schutzhelm gut ist!

Den Hocker stellt er unter die Dusche, das Bier auf das Fensterbrett, den Helm hängt er an die Seifenschale. Dann zieht er sich aus und wirft die verschwitzte, salzrandige Kleidung in die Ecke, dreht den Hahn auf, setzt sich auf den Hocker, schließt die Augen, lässt das heiße Wasser über sich rinnen und atmet tief durch.

Dann langt er nach dem kalten Bier – ganz falsch! Das Wasser, von der Stirn noch erhitzt, würde ja in die offene Bierflasche laufen. Jetzt braucht er den Schutzhelm! Mit der linken Hand nimmt er den Helm, mit der rechten greift er sich die Flasche, im Schutze des Helmes setzt er die Flasche an die Lippen, den Helm wie zum Gruße erhoben. So nimmt er unter der laufenden Dusche den ersten, den besten Schluck, dann den zweitbesten. Die Flasche stellt er wieder auf das Fensterbrett, den Helm hängt er zurück an die Seifenschale, das heiße Wasser rinnt weiter über seinen Körper. Er atmet tief durch. Nach fünf Minuten greift er mit der Linken erneut zum Helm, mit der Rechten zur Flasche, hebt den Helm, begrüßt den dritten Schluck. Die Zeremonie *Helm auf zum Trunke* wiederholt er einige Male. Nach 20 Minuten ist die Flasche leer, der Schlauch sauber, Staub und Schweiß sind gurgelnd im Gully verschwunden, mitsamt dem Ärger des langen heißen Tages. Nachher löffelt er in der Küche eine stark gesalzene Suppe für den Mineralhaushalt. Morgen ist wieder ein Tag. Bier und Salz – Gott erhalt's!

DIE ZWANZIGSTE STORY

Vom Segen der Zensur

Passend zum subtropischen Klima:
Was ich nicht weiß, macht mich nicht heiß!
Doch irrt der Volksmund hier.

Als ich begann, in der Fremde mein Geld zu verdienen, statt mich zu Hause redlich zu nähren – Psalm 37,3 –, abonnierte ich eine Wochenzeitung. *DIE ZEIT*, trotz ihrer schwarzen Buchstaben kein rechtes, sondern ein aufrechtes Blatt. Ein großes Blatt eben. Man braucht Zeit, es von Anfang bis Ende zu lesen.

Es war immer ein kleines Fest, wenn die Zeitung in Basra oder wo auch immer eintraf. Still ward es unter den Palmen, leise raschelten die Blätter, meine Frau las von der letzten Seite her, ich von der ersten, in der Mitte gab es ein kurzes Gezerre, dann ward wieder Ruhe.

Im Ausland hatte ich Zeit zum Lesen. Erstaunlich, wo wir Baustellenleute doch nach unseren eigenen, daher glaubwürdigen Aussagen schufteten wie die Brunnenputzer. Rechnen wir mal nach: Von 24 Stunden verschliefen wir sieben, dann putzten wir zehn Stunden lang die Brunnen. Drei weitere vergingen für Essen und vor allem Trinken und für das, was der Mensch halt sonst so macht. Blieben vier Stunden Freizeit jeden Tag, freitags ein paar mehr. Was waren wir glücklich! Wer hat schon zu Hause vier volle Stunden ganz für sich? Freilich mussten wir in den Siebzigerjahren noch nicht jeden Abend fernsehen, hatten kein Telefon, in den Anfängen auch kein Video und noch lange ungestörte Jahre kein Internet und kein Handy. Der Teufel war gerade dabei, sich das Zeug auszudenken.

Im Stande der medialen Unschuld warteten also meine Frau und ich jede Woche ungeduldig auf den Kurier aus Bagdad. Das plastikverschweißte Päckchen trudelte dank der gewissenhaften Arbeit der Zensurbehörde erst mit zwei- bisweilen dreiwöchiger Verspätung ein, die Hülle aufgebrochen, die Zeitung zerfleddert.

Lange Zeit beschränkten wir uns aufs Zeitungslesen, besaßen keinen Weltempfänger für die Nachrichtensendungen der Deutschen Welle und der BBC. Obwohl gut zu Fuß, hinkten wir folglich der wahren Zeit hinterher. Außerhalb unserer kleinen Welt mochte ein Krieg ausbrechen oder ein Spitzbube oder der Vesuv, ein technisches Genie mochte den Laubbläser erfinden, wir erfuhren von diesen Katastrophen erst nach Wochen. Wenn wir dann endlich unser sehnlich erwartetes Blatt erhielten, herrschte vielleicht schon wieder Friede, war der Spitzbube eingefangen, der Vesuv eingeschlafen und der Erfinder des Laubbläsers totgeschlagen worden.

Wir lebten hinter der Zeit, um 14 Tage verjüngt! Ein Blick in den Spiegel genügte – tatsächlich: 14 Tage, mindestens.

Und wem verdankten wir diesen Jungbrunnen? Der Zensur!

Sobald das Flugzeug in Bagdad gelandet und unsere Zeitung ausgeladen war, machten sich des Lesens und der deutschen Sprache kundige Leute darüber her. Zunächst werden sie das Blatt wohl von vorne bis hinten durchgelesen und auf versteckte zionistische Agentenbotschaften überprüft haben, jede einzelne Annonce, dann müssen sie sich über den politischen Teil empört haben. So stelle ich mir das auf jeden Fall vor, denn die Leute selbst bekam man ja in der Regel nicht zu Gesicht. Ihr staatstragendes Wirken spielte sich im Verborgenen ab, wenn auch kaum im Dunkeln. Den Indizienbeweis ihrer emsigen Pflichterfüllung hielt ich allwöchentlich in Händen: die mit grünem Filzstift zensierte *ZEIT*.

Zensur ist eine segensreiche Einrichtung. Wer weiß, ob ich ohne den altehrwürdigen Index Romanus im zarten Jugendalter je vom Chevalier de Seingalt, auch Casanova genannt, erfahren, von Lady Chatterleys Liebhabern und Heinrich Heines Respektlosigkeiten gehört hätte? Solche Art Literatur fand sich nicht in den Regalen unserer katholischen Pfarrbücherei – Samstagnachmittag, fünf Pfennige –, also besorgte man sie sich anderswo. Ohne

Zensur hätte ich unwissender Ministrant vielleicht nie politische oder sonstige unanständige Literatur gelesen.

Lob auch der freiwilligen Selbstkontrolle der Filmwirtschaft. Ohne ihre fürsorglichen Hinweise auf das mindeste Eintrittsalter und den Aufschrei der Gerechten hätte ich nie zwei Sekunden lang Ingrid Thulins linke Brust bewundern dürfen. *Das Schweigen* – erinnern Sie sich an die Bambule vor den Kinos?

1966 wurde der Index Librorum Prohibitorum abgeschafft, aber da war ich schon 22 – zu spät! Und so male ich mir in stillen Stunden aus, welche Zensuren ich wohl in der Schule bekommen hätte ohne die Zensur und was aus mir geworden wäre, hätte ich das verdorbene Zeug nicht lesen oder anschauen müssen.

Zurück in die Siebzigerjahre zur irakischen Zensurbehörde. Trotz bester, bis in die Hitlerei zurückreichender deutsch-irakischer Beziehungen, haben seinerzeit nur wenige Iraker Deutsch gesprochen, und deren Kenntnisse wird der irakische Staat wohl nutzbringender eingesetzt haben als zum Zeitungslesen. Nein, im Gebäude der Zensur im Herzen Bagdads saßen Herren aus Pankow. Die Deutsche Demokratische Republik half Saddam Hussein beim Aufbau des irakischen Sozialismus' und der inneren Sicherheit, und zu einer gefestigten Demokratie gehört ja auch eine ordentliche Zensur – von der DDR lernen, hieß zensieren lernen.

Das war allgemein bekannt, die Bagdader Spatzen pfiffen es von den Flachdächern, bei der Ausreise am

Flughafen standen unsere Brüder von drüben, wie sie politisch korrekt hießen, hin und wieder vor uns in der Schlange, leicht zu erkennen an ihren Dienstpässen, sie ließen sich nicht ansprechen – unsere heimlichen Brüder.

Diese Herren verfügten über lindgrüne Filzstifte und damit strichen sie den lieben langen Tag, den Allah werden ließ, in deutschen Zeitungen böse Worte durch. Ich denke allerdings, dass sie streichen ließen. Denn eigentlich sollte ja ein einziger versierter deutscher Vorstreicher pro Zeitung genügt haben, einheimische Nachstreicher hätten dann lediglich abzugucken gehabt, was auf welcher Seite und wo zu streichen war – ich kenne mich in dieser Branche nicht so gut aus.

Viel Wasser ist seither den Tigris hinuntergeflossen, die Zensur mag seinerzeit dies und das und anderes übermalt haben, aber in Erinnerung geblieben ist mir das lindgrün gestrichene Wort *persisch*. Dies immer in Verbindung mit dem Wort *Golf*, wogegen *persische Teppiche*, *persische Geschichte* oder die korrekte Bezeichnung *iranisch* für Land und Leute von den Zensoren verschont blieben. Es heißt ja auch nicht iranischer Golf.

Wir erlebten eine Periode wachsender Spannung zwischen dem Irak und dem Iran, vulgo Persien, der Krieg um die Herrschaft am Golf brach im September 1980 aus. Die Zensur war ja nur ein albernes Vorgeplänkel in den Spalten der ausländischen Zeitungen. In Erwartung des eskalierenden Konfliktes kam das vermaledeite Wort *persisch* in den Kommentaren ausländischer Zeitungen natürlich häufig vor und so hatte das Streichorchester alle Hände voll zu tun. Was für ein heroischer Kampf! Resultat: *DIE ZEIT* – ein grünes Blatt, nicht das grüne!

In all den Jahren, in denen wir im Irak lebten, arbeitete die Zensur ausschließlich mit diesen lindgrünen Filzstiften, es mussten beträchtliche Vorräte beschafft und in Panzerschränken eingelagert worden sein. Die bemalten Worte waren nach dem Eingriff meist noch gut lesbar. So etwa:

Der Persische Golf. Oder so: des Persischen Golfes, dem Persischen Golf, den Persischen Golf.

Ersetzen Sie das Grau bitte durch Lindgrün.

In Arabien hieß der Golf Arabischer Golf und im Iran Persischer Golf. Neunmalkluge versuchten sich in Gesprächen mit Persisch-arabischer Golf zu behelfen, das war nun aber ganz falsch, damit saßen sie zwischen allen Stühlen, wenn grad welche herumstanden. Die einfachen Leute saßen ohnehin auf dem Teppich.

Die Baustellenkollegen, auch die Österreicher und Schweizer, bekamen ihre gewohnte Heimatzeitung zugesandt – erprobtes Mittel gegen Heimweh –, das war Ehrensache der Firmen. Auch wenn es die Chefredakteure nicht gerne hören werden: Der hohen Ehre einer kritischen Begutachtung wurden die Heimatblätter nicht teilhaftig – da könnte ja jedes Käsblatt und jede schwäbische Spatzenpresse kommen und zensiert werden wollen.

Und dann waren wir ja – weiß Gott – nicht die einzigen Ausländer im Irak. Armeen von Franzosen, Polen und Engländern, Bataillone von Chinesen und Finnen, aber sicher auch Basken und andere seltene Völker wollten begrünte Zeitungen lesen.

Am Beginn der Achtziger zog ich nach Bagdad, arbeitete als Vertreter meiner Firma und hatte mich auch um die Nöte der Baustellen zu kümmern. Einige Jahre zuvor hatte die Videotechnik den Markt erobert, willkommene Abwechslung für die Monteure, einmal die Woche war Filmabend in der Bar. Nachschub erhielten wir von zu Hause, freundliche Besucher bespielten vor ihrer Abreise Kassetten oder erwarben Filme und schmuggelten sie in Bagdad durch den Flughafenzoll. Genre je nach persönlichem Gusto der Reisenden. Ich erinnere mich gut an *Die Rückkehr der reitenden Leichen*. Meist winkten die Zöllner durch, aber manchmal eben nicht. Dann beschlagnahmten sie die Kassetten und gaben sie an die Filmzensur weiter. In der Filmabteilung arbeiteten keine Leseratten, sondern Leute mit Adlerblick.

Eines Tages, grad um die Olympischen Winterspiele in Lake Placid, wurde ich in das geheime Gebäude zitiert, die Zöllner waren wieder mal erfolgreich gewesen, ein Stapel Kassetten lag auf dem Tisch der Inquisition. Bei süßem Tee übersetzte ich den irakischen Herren die handschriftlichen Titel – was um Himmels Willen hieß denn noch mal Damenabfahrtslauf auf Englisch? Ich kam nicht auf das Wort, schwafelte was von *skiing girls*.

»Girls?«

»Yes, girls, skiing!«

Der Oberfilmzensor hob die Augenbrauen. »Girls – I see!«

Wir gingen *sehen*, zum Vorführraum, weitere Sachverständige stießen hinzu, die erste Kassette wurde eingelegt. Da saßen wir nun beim Tee versammelt und meine Gastgeber harrten einer richtig schönen westlich-dekadenten Sauerei. Aber da schossen nur vermummte und behelmte Nummerngirls die Leinwand hinunter, wieder und wieder, eine geschlagene Stunde lang. Nicht einmal geduscht haben sich die Girls nach der schweißtreibenden Anstrengung – pfui! Eine Zensur fand nicht statt, ich durfte die Kassetten eintüten und gehen.

»Thank you, Mister, see you!«

Ich kehrte zurück an meinen Schreibtisch und las den *Baghdad Observer*, tägliche Pflichtlektüre aller Firmenvertreter. Darin stand nichts vom *Persian Gulf*, dafür umso mehr von einer obskuren blutrünstigen *zionist entity*, die es zu vernichten galt. Kein Blatt für Magenkranke, aber völlig unzensiert.

In den Neunzigern und später lebten meine Frau und ich im Iran, auch dort wieder als Abonnenten der großen Zeitung. Den Iranern war die Bezeichnung *Persisch-Arabischer Golf*, oder wie auch immer, eher gleichgültig, die Zensoren in Teheran konzentrierten sich auf die Schönheiten und Freuden des Lebens, also auf die Girls nach Ende des Abfahrtslaufs, um im Bild zu bleiben.

Polyglott mussten die iranischen Zensoren wohl nicht sein. Sex und Porno erfordern keine besondere Sprachgewandtheit, eine solche sei dabei eher hinderlich, habe ich gehört.

Iranische Pornografie beginnt mit der Darstellung unverhüllter weiblicher Haut jenseits der Handgelenke, von den Fingern aus gesehen. Füße müssen mit Wollsocken verhüllt werden, ersatzweise mit Kniestrümpfen, Haare sind wegen ihrer knisternden Erotik vollständig zu bedecken. Da bleibt nicht mehr viel Frau zu sehen in freier Natur! Nun schlagen Sie bitte eine beliebige westliche Zeitung auf, ein politisches Magazin, eine Illustrierte, eine Modezeitschrift! Selbst unsere große Zeitung aus Hamburg mutierte unter diesen Maßstäben zur Sexpostille.

Mit grünem Filzstift ist einer dürftig bekleideten Dame schlecht beizukommen. Die iranische Zensur verfügte indes über faserverstärkte, graue Klebestreifen mit höllischer Kraft. Die legten sich über Haut, Kopf und Hals der Damen, über Arme und Beine und anderes Sehenswertes, aber auch über sportliche Männer am Strand und in Unterhosen. Oft waren die Klebestreifen zu lang und verdeckten auch noch Teile des Textes, das war nun wirklich ärgerlich. Es war ein beliebtes Spiel, anhand einer unbeklebten Haartolle, einer hervorlugenden bloßen Hand oder einigen Quadratzentimetern splitternackter Haut zu erraten, was sich wohl unter den grauen Streifen verbarg. Brachte ein Besucher ein unbeklebtes, sozusagen nacktes Exemplar der Zeitung mit, konnten wir sehen, wer über die größere Fantasie verfügte.

Hin und wieder war meine voyeuristische Neugierde stärker als der Verstand, dann versuchte ich trotz besseren Wissens das Klebeband behutsam, Millimeter um Millimeter, von der Zeitung abzulösen. Es war ein kribbelnder, aber aussichtsloser Spaß, der Sex blieb immer am Streifen kleben. Ein Sexstreifen halt! Raten Sie, an was ich denken muss, wenn ich heute einen Klebestreifen in die Hand nehme?

DIE EINUNDZWANZIGSTE STORY

Die zwei Ehen des Mustafa Hanslmüller

Es ist schon komisch, dass ein Mann,
der sich um nichts auf der Welt Sorgen machen muss,
hingeht und eine Frau heiratet!
W. Somerset Maugham (1874 – 1965)

Der Ingenieur und Junggeselle Hanslmüller ging in den Iran und heiratete Shirin. Freilich hatte ihn seine Firma nicht ans Kaspische Meer geschickt, um eine junge Dame zu heiraten, sondern um eine Papierfabrik zum Laufen zu bringen. Die Ehe war sozusagen der Kollateralnutzen. Hanslmüller sprach bayerisch und das Fachenglisch seiner Zunft, aber kein Persisch. Shirin sprach weder Deutsch noch Englisch. Allah segnete die Ehe nach einer gerade noch vertretbaren Frist mit einer Tochter, zu deren Wohle sich Hanslmüllers unterdessen auf eine gemeinsame Vater- oder Muttersprache geeinigt haben dürften.

Wir wohnten ein Stockwerk über den frisch Getrauten. Bald nach der Hochzeit wurde ich unfreiwillig Ohrenzeuge eines lautstarken ehelichen Gezänks. Seit diesem Tag wollte ich ein Ehedramolett schreiben mit stark verdichteter Handlung und schlanken Dialogen. Jetzt ist es fertig! In drei Aufzügen, mit nur einem Darsteller und 16 Darstellerinnen ist es allerdings etwas damenlastig geraten. Im nächsten Kapitel schauen wir uns das Theater an.

Der Hanslmüller war als Elektroingenieur ein wichtiger Mann in unserem Team, ohne Strom dreht sich nichts. Die auserwählte Shirin hatte im väterlichen Büro mit Immobilien gemakelt. Es war Liebe auf den ersten Blick, was zählen da Worte. Die sind doch nur Schall und Rauch.

Der Ausdruck *die Auserwählte* sorgte bei Eingeweihten sicher für Heiterkeit, denn nicht Shirin, sondern der Hanslmüller war ausgeguckt worden, und zwar bei der Hochzeitsfeier unseres Kollegen Brian mit Nasrin, einer Cousine von Shirin.

Bleiben wir zunächst beim auserwählten Hanslmüller.

Er brachte ein belastbares bayerisches Bankkonto in die Ehe ein und wohnte in einer geräumigen Firmenwohnung. Die Dame steuerte eine unübersehbare Schar von Verwandten allen Grades bei – Humankapital, wie man sagt –, nebst einem betagten Renault 5 und dem stillgelegten Rohbau eines Einfamilienhauses.

Die Hochzeitsblumen waren noch nicht verwelkt, da kam der Hausbau wieder in Schwung, ein zweites Stockwerk für die Familie des Bruders schoss in die Höhe.

Da ernsthaft Gefahr bestand, dass die zwei Jungvermählten sich einsam fühlen könnten, erhielten sie anfangs an jedem Feierabend Familienbesuch, am Freitag zweimal. Aus dem viersitzigen Autochen stiegen bis zu acht vermummte Gestalten. Das war auf Dauer unhaltbar. Bald stand ein geräumiger Kleinbus vor Shirins und Hanslmüllers Tür, freitags zweimal. Um das Gefühl der Verlassenheit oder gar des Ausgestoßenseins gar nicht erst entstehen zu lassen, zogen noch in den Flitterwochen zwei von Shirins Schwestern, ihre verwitwete Mutter und zwei Cousinen in die Wohnung des glücklichen Paares. Aus der trauten Zweisamkeit war eine Siebensamkeit geworden.

Jetzt zu Brian, dem Pionier an der iranischen Hochzeitsfront. Brian stammte aus Vancouver und hatte zwei gescheiterte Ehen hinter sich. Scinen Erzählungen zufolge musste es sich bei den Verflossenen um wetterfeste, im Kampf mit Grizzlybären gestählte Amazonen gehandelt haben. Nun eröffne ihm sein Job vielleicht die Chance, eine ihm gemäße, sanftmütige Iranerin zu ehelichen, sagte der Brian hoffnungsvoll.

»Die asiatische Frau ist von Natur aus genügsam«, klärte er uns auf, »unter dem Schleier verbergen sich elfenhafte Geschöpfe, folgsam ihrem Manne ergeben!«

Was noch alles, ist mir entfallen!

Solch anschmiegsame Wesen hatte ich in der Tat schon mal gesehen: Am Strand von Tahiti! Im Kino! Unter schattigen Palmen lagerten samtweiche Schönheiten und fütterten pflichtvergessene Seeleute mit tropischen Früchten. Als Kapitän Bligh zur Ordnung rief, brach Meuterei aus! Kein Wunder, waren doch die Damen nur äußerst nachlässig verschleiert.

»Die Brautschau muss ruck, zuck über die Bühne«, sagte der Brian weiter, »sonst läuft die Fabrik, ehe der Schleier fällt!«

Unnötige Sorge. Die Kunde von einem heiratswilligen jungen Mann aus dem Goldenen Westen verbreitete sich schneller als die Niederschrift dieser Geschichte – insbesondere unter Familien mit geschiedenen Töchtern und solchen, die dem landesüblichen Backfisch-Heiratsalter bereits sichtlich entwachsen waren. Backfisch, so hieß ein Teenager in längst vergangenen Tagen. Die zukünftigen Schwiegereltern streckten ihre Fühler aus, die Parteien wurden sich einig und nach drei Monaten waren Nasrin und Brian verheiratet. Über Demut und Fügsamkeit der iranischen Frauen hat er sich nach der Hochzeit nicht mehr geäußert – mag sein, dass er sich nicht mehr getraut hat!

Bei Hanslmüllers Hochzeitsessen wurde unter den anwesenden ausländischen Kollegen ein dritter Junggeselle identifiziert, der Eberhard. Ein Cousin der Braut nahm ihn heimlich ins Visier seiner Kamera und nach den Festivitäten wurde der Dokumentarfilm dem erweiterten Familienrat zur Begutachtung vorgeführt. Die Sippe befand ihn der hohen Ehre würdig und kurz nach Brian und Hanslmüller stand Eberhard mit seiner Braut

Mahnaz – auch sie eine der zahllosen Cousinen von Shirin und Nasrin – vor dem Mullah.

Der Film fiel in falsche Hände. Unter dem Titel *Jagdszenen am Kaspischen Meer* haben wir ihn an unseren Herrenabenden fürsorglich allen Neuankömmlingen vorgeführt, konnten indes keine nachhaltig abschreckende Wirkung feststellen.

Hanslmüller, Brian und Eberhard, die sich vor ihrer Reise in den Orient nie gesehen hatten, fanden sich unversehens als Verwandte und als Mitglieder eines nunmehr weltumspannenden, bis Kanada reichenden Familienimperiums wieder. Die Iraner sind Familienmenschen und iranische Familien sind so groß wie das Land. Die drei Auserwählten brauchten Monate, um auch nur die Allerliebsten ihrer neuen Lieben kennenzulernen.

Hand aufs Herz! Wer kennt schon vor seiner Hochzeit alle zukünftigen Anverwandten? Und wer weiß, wozu dies gut ist!

Hin und wieder musste Eberhard nach Hause in die Firma, um diese und jene technische Frage zur Inbetriebsetzung der Fabrik zu klären. Vor jedem seiner Heimflüge, erzählte uns Eberhard, versammelte sich ein schwarz gewandeter Schwarm junger Leute am Teheraner Flughafen, um Lebewohl zu sagen.

Mädchen, die er nie zuvor gesehen zu haben glaubte, vergossen heiße Tränen des Abschieds, bei der Rückkehr kullerten Tränen der Wiedersehensfreude über fremde Wangen.

Nun solle keiner glauben, dass ein junger Mann im revolutionären Iran so mir nichts, dir nichts, sozusagen über Nacht, seine Unschuld verlieren könne. Zuvor gilt es, hohe religiöse und gesellschaftliche Hürden zu überwinden.

Das prüde Mullahregime hat seine wachsamen Augen überall, nicht einmal zur Begrüßung dürfen sich nicht verwandte Männer und Frauen die Hand reichen. Junge Leute können heutzutage zwar dank Handy und Internet leichter Fühlung aufnehmen, aber heiratswilliges Volk trifft sich immer noch mit Vorliebe auf den häufigen Familienfesten – kein Fest unter 100 Gästen.

Wir wurden häufig eingeladen und kamen gerne. Die Iraner sind ein gastfreundliches und lebenslustiges Volk, Essen und Trinken sind ganz hervorragend und wer unbedingt will, kann auch Tee trinken. Hinter den hohen Mauern geht es hoch her. Kurz nach der Revolution drangen bisweilen Sittenwächter in die Häuser ein. Ihr revolutionärer Eifer konnte jedoch meist mithilfe nützlicher Abgaben – wie es früher im Geschäftsleben hieß – gebremst werden.

Hat sich nun ein Paar – wie auch immer – verständigt und sind die Familien mit der Beziehung einverstanden, gilt auch für sie: Ohne Begleitung dürfen sie keinesfalls gemeinsam außer Haus, müssten mit harten Strafen rechnen. An Reisen und Hotelaufenthalte ist gar nicht zu denken. Da heißt es warten!

Brian, Hanslmüller und insbesondere der zuletzt eingetroffene Eberhard aber hätten schwerlich warten können. Die Hackschnitzel kochten schon in den Tanks und verwandelten sich in Zellstoff, nach und nach begannen sich die Motoren der Papiermaschine zu drehen und Rauch stieg aus den Kaminen. Der Druck im Kessel stieg, es eilte.

Hundert administrative Dinge waren vor der Hochzeit zu klären. Die Beschaffung der Dokumente aus dem fernen Heimatland konnte schlimmstenfalls Monate dauern. Hanslmüller und Eberhard sollten mit ihren Bräuten in der Botschaft in Teheran vorstellig werden, Stempelgebühren entrichten, tausend Unterschriften leisten und was der rechtlichen Dinge mehr waren. Brian, der Kanadier, musste sogar mit seiner Braut nach Zypern fliegen, um dort im Konsulat schon mal nach kanadischem Recht zu heiraten.

Und das alles, ohne sich die Hand zu geben? Undenkbar!

Da kam ihnen nun eine iranische Besonderheit zupass: die Ehe auf Zeit! Sie haben recht gelesen! Die *Sighe-Ehe*, wie sie heißt, ist ein Vertrag nach schiitisch-islamischem Recht. Sie wird vor einem Geistlichen geschlossen und kann, je nach Abmachung, bis zu 99 Jahre dauern oder auch nur ein Stündchen – *honi soit qui mal y pense*!

Die Zeitehe ist auch unter iranischen Geistlichen nicht unumstritten, in besseren Kreisen der iranischen Gesellschaft verpönt und nicht nur in westlichen Augen eine Ausbeutung der Frau. Diese hat in der vertraglich festgelegten Zeit lediglich Anspruch auf Bezüge, nur

Pflichten, keine Rechte und kann jederzeit verstoßen werden.

Für unsere Kollegen aber war diese Regelung geradezu maßgeschneidert. Der Ablauf war jedes Mal derselbe: Die Bräute waren bereits Muslime, also mussten nur die ungläubigen jungen Herren zum Islam übertreten. Dazu suchten sie einen Mullah auf und bezeugten wahrheitsgemäß, dass es keinen Gott außer Allah gibt und Mohammed sein Diener und Gesandter ist. Der Übertritt zum wahren Glauben kostete wenige Minuten, der Rücktritt könnte die Rechtgläubigen jedoch das Leben kosten.

Eine Beschneidung der Konvertiten erfolgte nicht. Brian, der Erstvermählte, konnte dies glaubwürdig bestätigen. Tage vor seiner Zeremonie hatten liebe Kollegen gezielt Gerüchte gestreut über die erforderliche Operation, nebst detaillierter Aufzählung der hierfür verwendeten Handwerkzeuge – ich möchte das nicht weiter vertiefen. Manchen Menschen ist eben gar nichts heilig.

Nach der Aufnahme in die Gemeinschaft der Gläubigen erschienen die frischgebackenen und unversehrten Muselmanen mit ihren Bräuten wieder vor dem Geistlichen, legten die Modalitäten fest – Dauer der Ehe ein Jahr – und waren im Handumdrehen verheiratet. Von nun an durften sie unbeaufsichtigt gemeinsam ausgehen, im Restaurant ihr Huhn mit Reis in Zweisamkeit essen und ein klebriges Pars Cola dazu trinken, gemeinsam verreisen, und – natürlich – zusammenleben.

Bevor ich's vergesse: Die jungen Moslems hatten auch noch einen zusätzlichen Vornamen anzunehmen, der Hanslmüller wählte Mustafa – was sonst! Mustafa bedeutet *der Auserwählte*!

Nunmehr auf zwölf Monate verbandelt, gingen die Paare umgehend zum Standesamt, zur Asdandari, und stellten die Anträge auf Heiratsgenehmigung mit fünf Durchschlägen. Ein Blut- und Urintest war beizubringen, der Iran ist Drogentransitland und hat ein Drogenproblem.

Nun hieß es, sich in Geduld zu üben oder an geeigneter Stelle nützliche Abgaben zu entrichten, dann lief das Verfahren wie geschmiert.

Merke: Nützliche Abgaben sind bemerkenswerte Stoffe, sie eignen sich zum Bremsen, aber auch zum Schmieren!

Lag nun endlich die Genehmigung vor, benannten die Hochzeiter vier Zeugen und gingen wieder zum Mullah. Der stellte ein Stammbuch aus, in dem alle Vereinbarungen festgehalten wurden, Scheidungsmodalitäten, Art und Umfang der Morgengabe.

Die Morgengabe bliebe der Ehefrau nach einer Scheidung: Geld, Gold, eine Wohnung oder gar ein Haus. Darüber hinaus gibt es noch einen Brautpreis, dem aber in bürgerlichen Familien nur noch eine symbolische Bedeutung zukommt.

Dann endlich kam für jeden der Kameraden die zweite, die echte Hochzeitsfeier. Sie haben richtig gezählt, bis anhin hatten wir schon sechs Feste. Sie feiern halt gern, die Iraner. Es wurde gut gegessen, auch wurden wieder zahlreiche Filme gedreht.

Frau Shirin erhielt als Morgengabe von ihrem Hanslmüller eine Eigentumswohnung am Kaspischen Meer. Die hat sie vermietet, denn sie lebt nun – wer hätte es gedacht – im Westen, wie ihre Cousinen Mahnaz und Nasrin. Falls die Ehe Shirins scheiterte, was Allah, der Allbarmherzige, verhüten möge, hätte sie immerhin ein Zuhause in der Heimat – eine weise Einrichtung.

Dies waren nun drei hoffentlich zu Herzen gehende Geschichten grenzenloser Liebe, über zwei weitere glückliche Ehen hätte ich Ihnen noch berichten können. Ganz sicher wären es noch mehr geworden, aber eines Tages produzierte die Fabrik blütenweißes Schreibpapier und kräftiges Packpapier. Darin verpackten wir unsere Siebensachen und reisten ab.

DIE ZWEIUNDZWANZIGSTE STORY

Trautes Heim – Glück allein

Ein persisch-bayerisches Dramolett, das Sie erst lesen sollten, wenn Sie sich bereits mit der Familie Hanslmüller angefreundet haben.

PERSONEN

Shirin Hanslmüller, jung, Mustafa Hanslmüller, fesch, mit Schnauzer, dreijähriges Mädchen, zwölf Cousinen iranischen Aussehens, eine dito Schwiegermutter, eine bayerische, kräftig, ein Kulissenjodler.

REQUISITEN

Ein Reiskocher, ein Gamsbarthut, ein Kochtopf, sieben Maßkrüge, zwei Portionen Huhn mit Reis, ein gelbes Wörterbuch, ein Paar Hirschhornhosenträger, 16 Dirndln, ein Telefon, zwei Portionen Kalbshaxen mit Knödel und Kraut, eine Taschenuhr, eine Kuhglocke, 14 Tschadoren, eine Kinderwiege, ein Teller mit Hühnerknochen, ein Herrgottswinkel.

HINTER DEN KULISSEN

Eine Kuh mit Glocke, ein Alphorn.

ERSTER AUFTRITT

Vorhang auf.

Wir blicken in eine Wohnküche. Mustafa, der Auserwählte, und Shirin Hanslmüller sitzen nebeneinander am Küchentisch, vor sich Huhn mit Reis, daneben ein Knochenteller. An der Tür hängt ein Tschador, schwarz. Auf dem Herd stehen ein Reiskocher und ein Kochtopf. Mustafa und Shirin essen nach persischer Sitte mit Löffel und Gabel, Löffel in der rechten Hand. Hinter den Tellern ein gelbes Wörterbuch.

Mustafa Hanslmüller nimmt das Buch, deutet auf seinen Teller, sagt auf Deutsch »trocken«, blättert und zeigt mit der Gabel auf das Wort. Shirin schaut in das Buch und sagt laut »xošk«. Sie nickt.

Er blättert zurück, sagt »anbrennen«, zeigt mit der Gabel auf das Wort, sie schaut in das Buch, hebt bedauernd die Arme, nimmt das Wörterbuch, blättert, sagt laut auf Deutsch »Cousine«, blättert, sagt »telefonieren«.

Die Spannung knistert, es kommt zu Handgreiflichkeiten. Er greift nach dem Buch, ruft wütend »andauernd, oiwaij«, blättert vor und zurück, stößt mit der Gabel in das Wörterbuch und hält es seiner Frau unter die Nase.

Das Telefon läutet.

Vorhang.

ZWEITER AUFTRITT

Vorhang auf.

Wir sind wieder in der Wohnküche. Am Küchentisch sitzt Mustafa, im Hintergrund steht eine Kinderwiege, die Wiege wiegt. Shirin spricht am Telefon, aus dem Topf auf dem Herd quillt schwarzer Rauch.

Mustafa schreit »Himmiherrgottsacklzementhallelujakreitzdeifi!«, springt auf, dreht das Gas aus, nimmt den Topf vom Herd. Er greift zum Wörterbuch, die Spannung knistert schon wieder, er blättert und blättert.

Es klingelt an der Tür, 13 schwarze Gestalten treten ein, werfen mit Schwung ihre Tschadoren ab und hängen sie an den Türhaken. Zwölf wie der junge Frühling gewandete Mädchen und Shirins Mutter treten auf Hanslmüller zu. Cousinen und Mutter küssen Mustafa. Mustafa setzt sich nieder.

Vorhang.

DRITTER AUFTRITT

Es bayert sehr. Eine Kuhglocke bimmelt. Die zugehörige Kuh muht, nach dem Muhen bläst ein Alphorn, danach jodelt der Kulissenjodler.

Vorhang (weiß und blau) geht auf.

Wir blicken in eine Zirbelstube mit Herrgottswinkel, auf der Fensterbank fünf Maßkrüge und ein gelbes Wörterbuch.

Der Mustafa mit Hirschhornhosenträgern und die Hanslmüllerin im Dirndl sitzen bei Knödel, Kraut und

Haxen (vom Kalb, aber das sieht man nicht) mit Bier. Es klingelt an der Tür.

Mustafa öffnet, seine Mutter und Shirins Mutter kommen herein, beide im Dirndl, zwischen ihnen ein dreijähriges Mädchen im Dirndl, danach drängen sich die zwölf Cousinen im Dirndl in die Stube. Der Mustafa zieht seine Taschenuhr und sagt erschrocken: »Kruzitürken!«

Die Hanslmüllerin fragt: »Wos is?«

Er sagt: »Stammtisch!«

Mustafa trinkt seinen Maßkrug leer, setzt den Gamsbarthut auf, wischt sich mit dem Handrücken den Schaum vom Bart, küsst Frau, Mutter, Schwiegermutter, Tochter und die zwölf Cousinen, sagt »Pfüad Euch!« und geht hinaus.

Vorhang.

Der Kulissenjodler jodelt.

ENDE

DIE DREIUNDZWANZIGSTE STORY

Allah der Allverzeihende

Auch im Iran gilt: Du sollst dich nicht erwischen lassen!

Der Koran untersagt allen Rechtgläubigen den Genuss von berauschenden Getränken. In der Islamischen Republik Iran ist den regierenden Klerikern allein schon das Wort Genuss ein Gräuel. Freilich wollen sie nur das Beste für die Gläubigen und deren leibliche und seelische Gesundheit. Nur gänzlich Verstockte zweifeln an der Weisheit der Schrift und der Obrigkeit. Lassen sie sich beim Zweifeln ertappen, droht ihnen die Peitsche. Selbst um unser, der Ungläubigen, Heil sorgen sich die iranischen Mullahs – allerdings nur um das diesseitige. Mit anderen Worten: Auch dem westlichen Gast ist im Iran der Konsum von Alkohol bei Strafe untersagt.

Nun ist aber die Verlockung die Mutter aller Sünden. Ich kenne Menschen, die in München das Bier mit Limonade verdünnen, aber Whisky pur aus Zahnputzgläsern trinken, sobald sie den wahrhaft trockenen Boden der Gläubigen betreten. So streng die einschlägigen Gesetze im Iran sind, so einfach ist es für den Zweifler und Sünder, sie ohne allzu großes Risiko zu übertreten, sofern er über eigene vier Wände verfügt. Er kann entweder selbst brauen und keltern, oder sich Wein, Bier und Hochprozentiges ins Haus liefern lassen. In der nächsten Story werden wir einer Geheimbrauerei einen Besuch abstatten.

Häufig benötigten wir in der Papierfabrik Fachleute, die sich für eine ganz spezielle Arbeit nur einige Wochen im Lande aufhielten – wie die zwei jungen durstigen Monteure, von denen diese kleine Episode handelt. Sie waren im Gästehaus unseres Auftraggebers untergebracht und konnten dort schwerlich eine Destille betreiben, geschweige denn einen Monat auf die alkoholische Gärung warten. Den Leidenden blieb also nur der schwarze Markt, und da sie bereit waren, einen märchenhaften Preis zu bezahlen, erhielten sie eines Abends den auf verschlungenen Wegen bestellten Karton Bier frei Hotelzimmer geliefert. Trinken auf Rädern!

Einen erklecklichen Teil der Büchsen müssen sie auf der Stelle – noch lauwarm – zur Brust genommen haben, denn nach dem Aperitif stiegen sie in sichtlich gehobener Stimmung in das Restaurant hinunter zu ihrem täglich Huhn mit Reis. Selbst Wohlmeinenden konnte nicht verborgen bleiben, dass die zwei sturzbetrunken waren. Das Haus beherbergte überwiegend iranische Besucher, alles Rechtgläubige, unter ihnen wohl auch mancher recht gläubige Muslim. Einer musste Anstoß an der lauten, unislamischen Heiterkeit der Bierseligen genommen haben und so konnte der peinliche Auftritt nicht unter die zahlreichen Teppiche gekehrt werden.

Die Nachricht, dass sich zwei Ausländer nicht an die Gesetze des Landes gehalten und sich dabei auch noch hatten erwischen lassen, machte in Windeseile die Runde im Dorf.

Unserem Betriebsmullah, zuständig für Moral und Seelenleben der Arbeiter und Angestellten, wurde die Affäre als Erstem zugetragen. Zunächst versuchte er, wie gewohnt, beide Augen zuzudrücken. Wenn sich unsere Damen beim Tennisspiel in wallende, dunkelfarbige Gewänder hüllten, dazu passend schwarze Kopftücher und schwarze Wollsocken trugen, wenn wir keine Muslima berührten, nicht einmal durch einen Handschlag zur Begrüßung, wenn wir bei unseren Festen unter uns blieben, keine Muselmanen zum Trunke verführten und bei den gemischten Sausen sorgfältig Vorhänge, Fenster und Türen geschlossen hielten, ließ er uns gewähren.

Hier jedoch lag der Fall anders. Dem mächtigen Mullah der Provinzhauptstadt Sari war der Skandal ebenfalls zu Ohren gekommen. Gefahr drohte nicht nur für die öffentliche Moral, auch seine Autorität war infrage gestellt. So war unser Mullah in der Bredouille und gezwungen, hart durchzugreifen.

Die zwei Täter mussten schon tags darauf in seinem Empfangsraum antreten. Mitarbeiter Hamid sollte aus der Landessprache Farsi ins Englische übertragen und ich vom Englischen ins Deutsche. Die ernüchterten Armesünder sprachen zwar gerne dem Alkohol zu, aber kein Englisch. Zwei religiöse Würden- und Turbanträger aus Sari wohnten dem Tribunal bei, auch hatte sich Publikum eingefunden, welches für die empörte Kulisse sorgen sollte.

Es wurde kein Tee gereicht! Nicht ein einziges Glas! Wer den Orient bereist hat, dem stocken bei diesen Worten Herz und Atem.

Kaum hatten wir Platz genommen, erschallten die Posaunen des Jüngsten Gerichts. »Im Namen Allahs! Abertausende Märtyrer haben ihr Leben gelassen für die heiligen Ziele unserer Revolution!«, begann der Mullah seine Rede mit alttestamentarischer Wucht. »In ihrem Gedenken werden wir nicht dulden, dass Fremde in unser Land kommen und unsere ewigen Werte mit Füßen treten!«

Hatte schon Übersetzer Hamid Mühe, Schritt zu halten – seiner hektischen Suche nach den rechten Worten fiel bereits ein gut Teil der Rede zum Opfer –, so ließ ich bei meiner Übersetzung schmückendes Beiwerk, Umstands- und Eigenschaftswörter gänzlich unter den leeren Teetisch fallen. Aber selbst das, was sich so als englisch-deutscher Extrakt über die zwei Angeklagten ergoss, ließ bereits Schlimmes befürchten.

»Islam ist die Vollendung der Zivilisation! Wer seid ihr, dass ihr Allahs Gesetze missachtet und in den Schmutz zieht? Der Boden unseres Landes ist getränkt vom Blute unserer Jugend«, wandte sich unser Mullah wieder der Revolution zu, »unzählige junge Menschen haben im Kampf für eine gerechte Gesellschaft ihr Blut vergossen!«

Das Blut sprudelte fortan in seiner Rede wie aus dem Blutbrunnen in Teheran, die beiden bleichen Sünder versanken immer tiefer in ihre Sessel. In den versteinerten Gesichtern der geistlichen Herren aus der Stadt stand geschrieben: 50 Peitschenhiebe, mindestens – die genaue Zahl war nicht zu entziffern – und danach Zuchthaus bis zum Verschimmeln. Der Schimmel würde den beiden vielleicht erspart bleiben, denn 50 Stockhiebe können bereits zum Tode führen. Den Zuhörern stockte das Blut in den Adern. Hoffentlich erreiche ich noch jemanden in der Botschaft, ging mir durch den Kopf, als der erschöpfte Mullah zum Ende seiner donnernden Anklage kam. »Die Leugner der Gebote Allahs werden ewiger Verdammnis anheimfallen!«

Nach einer langen Minute ergriff der Mullah erneut das Wort und sprach in die bange Stille den Richterspruch: »Im Namen Allahs, des Barmherzigen und Gnädigen. Allah ist der Erbarmer und Allverzeihende, Allah vergibt alle Sünden, Allah ist bereit, Nachsicht zu üben und zu vergeben!«

Wir konnten gehen – alhamdulillah, Allah sei Dank!

DIE VIERUNDZWANZIGSTE STORY

Brauen und Keltern

Ihr Gläubigen! Wein und das Losspiel, …
sind ein wahrer Gräuel und des Satans Werk.
Koran, Sure 5, Vers 90

Berauscht Euch nicht mit Wein – das macht zügellos –,
sondern lasst Euch vom Geist erfüllen!
Bibel, Epheser 5, 18

Das antike Persien gilt als Ursprungsland des Weines. Über mehr als sechs Jahrtausende wurde im Südwesten des heutigen Iran – in Shiraz, nahe der späteren Königsresidenz Persepolis – Weinbau betrieben. Lange vor der Zeit König Kyros' des Großen wurde schon kräftig getrunken, die Gelage des Großen Alexanders sind legendär, aber auch sein Widersacher, Darius der Dritte, war ein Großer unter den Trinkern. In den Reichen der Achaimeniden, Parther und Seleukiden, der Sasaniden und Perser, unter den Dynastien der Omayyaden und Abbasiden, Safawiden und Quadjaren wurde nicht in die Becher gespuckt und selbst die Bürger des modernen Iran machten bis zum ruhmlosen Abgang der Pahlavis so manches Fass auf. In Abertausendundeiner Nacht becherten, lachten und sangen die Zecherinnen und Zecher und störten den Schlag der Nachtigall, es sei denn, sie zählten zu den Strenggläubigen.

Im Sommer des Jahres 1979 bereitete die islamische Revolution dem zügellosen Treiben ein Ende und untersagte von Gottesstaates wegen den Genuss von berauschenden Getränken. Wo sie nun schon mal dabei war, die Revolution, machte sie ganze Sache und verbot grad auch noch das Tanzen, Singen und Lachen. Endlich war Ruhe! Dank der eingetretenen Stille kann ich ungestört vom Brauen und Keltern im nachrevolutionären Iran erzählen – aus dem wirklichen Leben in den späten Neunzigern des letzten Jahrhunderts, aus Sangtrashan, einem Dorf in den grünen Hügeln des Elbursgebirges gelegen, nahe der Provinzhauptstadt Sari am Südufer des Kaspischen Meeres.

Die iranischen Brauereien, welche die Revolution überlebt hatten, brauten immer noch Bier nach alter Sitte. Sicher ein gutes Bier, aber leider wurde ihm nach neu-persischem Reinheitsgebot am Ende des Verfahrens der Alkohol entzogen. Dabei entweicht die Seele des Bieres und beginnt ihre ewige Wanderung, das geschundene Bier schmeckt dann so, wie es ist – seelenlos.

Alkohol ist, wie gesagt, seit der islamischen Revolution streng verboten im Iran. Was verboten ist, verspricht Profit, und weil die Menschen an nichts mehr glauben, als an den Profit, gibt es alles, was es nicht zu kaufen gibt, weil es verboten ist, auf dem Schwarzmarkt zu kaufen. Das war schon immer so auf dieser Welt, selbst in den USA in den Zwanziger Jahren des letzten Jahrhunderts

– vom großen Satan *Amrika* hätte der große Ayatollah lernen können.

Dank des strikten Alkoholverbotes flossen nun die Alkoholika durch finstere Kanäle, verbreitet erhältlich war Schmuggelbier aus der Türkei der Marke *Tuborg Markasi*. Nach dem Erwerb musste der Durstige die grünen Dosen zunächst mit der Wurzelbürste vom ostanatolischen Straßenschlamm befreien – offensichtlich wurden die Bierkartons für den Transport unter Transitlastwagen befestigt. Hin und wieder flog ein Händlerring auf, die Peitsche wurde geschwungen und dann liefen die Kanäle für ein Weilchen trocken.

Das *Özel Bira* in roten Büchsen hatte acht Prozent Alkohol. Wer wollte, konnte auch *Özel Bira* mit zehn Prozent Alkohol trinken, aus schwarzen Dosen! Auf den Alkohol umgerechnet – wie bei jeder vergorenen und destillierten Konterbande – galt die Regel: Je höher die Prozente, desto billiger die Promille! Eine Box mit zwei Dutzend Büchsen *Tuborg Markasi* kostete allerdings stolze 150 Dollar.

Das war viel Geld, nicht nur für den kleinen Mann auf der Straße. Der kleine Perser dachte aber gar nicht daran, das Bier zu kaufen, und schon gar nicht auf der Straße. Er braute es selber, im Geheimen! Gab es vor der Revolution im Jahre 1979 fünf Brauereien im Lande, so stieg ihre Zahl danach auf fünf Millionen. Sagten die Iraner!

Angesichts dieser wundersamen Brauereivermehrung sollte es doch auf eine mehr oder weniger nicht ankommen. Also fasste ich mir eines schönen Feierabends ein Herz, setzte eine dunkle Brille auf, klebte einen falschen Bart an und ging unter Beachtung konspirativer Regeln in den großen Basar von Sari. Unauffällig betrat ich einen Laden für Plastikartikel und kaufte ein Fass, einen Schlauch und einen großen Rührlöffel.

Der Verkäufer beschaute sich die Ausrüstung und legte noch einen Trichter dazu. »Damit geht's einfacher!«, sagte er und schon war ich Besitzer einer Brauerei.

In unserem Krämerladen im Dorf Sangtrashan erwarb ich fünf Kästen alkoholfreies Bier. »Fünf Kästen bitte – ist das eine Hitze!« Und mit gesenkter Stimme bat ich den Ladenbesitzer um zwei Kilo Zucker.

Der schüttelte den Kopf. »Hör mal«, sagte er, »fünf Kästen Bier und zwei Kilo Zucker, wo denkst du hin? Zwei Kilo reichen hinten und vorne nicht – nimm drei.« Und auf den Zucker legte er noch zwei Päckchen Backhefe, die bräuchte ich auch noch, sagte er und schon hatte der Brauereibesitzer die Rohstoffe.

Nun folgt eine Erzählung aus Fünfmillionenundeiner Brauerei!

Wieder zu Hause begann der zweitschwerste Teil des Brauens: Ich hebelte 120 Kronkorken auf und füllte 36 Liter des alkoholfreien Bieres in das Gärfass. Die Hefe löste ich in warmem Wasser auf und gab sie hinzu, ebenso die drei Kilogramm Zucker. Ich rührte den Sud um und verschloss mit einem Stopfen das Fass. Die Besenkammer wurde ausgeräumt und zum Gärkeller geadelt.

Die schwerste Phase des Brauens lag jetzt vor mir. Von der Revolution lernen, heißt Warten lernen!

Während die Hefe im Braukessel arbeitete, war auch der Braumeister nicht faul und kaufte im Laden 40 Literflaschen Limonade, mit Schraubverschluss.

»Aha!«, sagte mein Freund, der Krämer.

Der klebrige Inhalt der druckfesten Flaschen gurgelte ins Spülbecken – Leergut.

Endlich, nach zwei langen Wochen blubberte es vernehmlich in der Besenkammer, die verloren geglaubte Seele des Bieres kündete ihre Heimkehr an. Nach einer weiteren Woche endlosen Wartens wuchtete ich das Fass auf den Küchentisch und schloss die Vorhänge – das Auge der Revolution wachte. Vom Betriebsmullah unserer Fabrik drohte allerdings keine Gefahr. Er war ein großherziger Mann, ein Verfechter islamischer Toleranz wie aus der Blütezeit der maurischen Kalifen. Was er nicht wissen musste, wollte er auch nicht wissen. Wir würden ja so oder so dereinst zur ewigen Verdammnis in die Hölle fahren. Warum sollten wir davor nicht einen Abschiedsschluck nehmen dürfen!?

Mithilfe des Schlauches zog ich das Bier in die Flaschen – gottlob hatte ich ja den Trichter! Vorsicht war geboten, der schlammige Bodensatz des Fasses musste draußen bleiben.

Man hätte das Bierchen nun schon trinken können, aber in diesem Zustand war es noch etwas *läbbrig*, wie wir Schwaben sagen! Gegen die *Läbbrigkeit* kam ein

Teelöffelchen Zucker in die Flasche, für die Flaschengärung!

Nach einer weiteren Woche – Sie haben recht gezählt: es waren inzwischen vier – konnten meine Frau und ich zur Bierprobe laden. Helles Lager Export – »o'zapft is!« Auf die Freunde war Verlass, alle kamen, manche gar vor der Zeit und spät gingen sie wieder heim.

Das Eigenbräu musste eiskalt getrunken werden. Notorische Gemüsesafttrinker und elitäre Weintrinkerinnen behaupteten, das Selbstgebraute eigne sich bestens für die lokale Anästhesie bei Magenoperationen. Den praktischen Nachweis blieben sie jedoch schuldig! Nun gut, die ersten zwei Gläser, da musste der rechte Mann eben durch, aber spätestens nach dem dritten Bier traten Betrachtungen über Geschmack, Farbe, Geruch und was derlei in der verfeinerten Welt des Weines mehr sind, zwangsläufig etwas in den Hintergrund.

Wenn ich am späten Abend schwor, beim Barte des Propheten, es sei kein Tropfen des Frischgebrauten mehr im Hause, standen die Freunde aus Finnland auf, gingen in die Küche und schauten selber im Kühlschrank nach. Sie sehen daran, zu welchen charakterlichen Verwerfungen übermäßiger Alkoholkonsum führen kann.

Unser Freund Douglas aus Schottland braute kräftiges, tiefschwarzes Bier – *Highland Stout* –, ein leicht bitteres, göttliches Gebräu.

»My home is my brewery!«, sagte er und gewährte niemandem Zutritt.

Lange Zeit konnte er das Geheimnis seiner schwarzen

Braukunst bewahren. Aber eines Nachts zu sehr später Stunde verplapperte er sich doch: Douglas, der Schotte, schmiss gebrauchte Teebeutel in den Sud. Gebrauchte Teebeutel! Darauf wäre ein Schwabe nicht gekommen!

Am tumben Biersaufen beteiligte sich meine Frau nicht – das klang bereits an. Sie kommt aus einer besseren Familie, und da Allah die Reben auch nach der Revolution wachsen ließ, lag der Gedanke nah, aus den Trauben Wein zu machen. Die Anleitung hierzu holte sie sich bei Marijam, der iranischen Nachbarin.

Auf dem Wochenmarkt quollen ab August die Früchtestände über: Weintrauben, zuckersüß, weiß und blau.

Sie orderte 50 Kilo von den Weißen. Großes Hallo auf dem Markt! 50 Kilo! Am Nachbarstand fiel vernehmlich das Wort *Cognac*, Heiterkeit machte sich breit unter den Tschadoren.

Später saß die Kellermeisterin aus dem Allgäu auf dem Boden in der Küche und schnippelte die Stiele von den Trauben. Die Kinderbadewanne voller gerebelter Trauben stellte sie ins Badezimmer, dann stieg sie in ihre Gummistiefel – wegen des scharfen Sohlenprofils – und dann in den Bottich und lief viele Meilen auf der Stelle, im Bikini und ohne Tschador.

Was ich vergaß zu erwähnen: Schon vor dem Traubenkauf und lange, bevor sie in die Wanne stieg, war sie ebenfalls im Basar gewesen und hatte ein zweites Fass gekauft. Schlauch und Trichter lieh sie sich vom Braumeister.

Das Weinfass wurde mit der gestampften Maische gefüllt, mit einem Stopfen versehen und neben das schon wieder frisch gefüllte Bierfass gestellt. *Wein zu Bier, das rat ich Dir!*, sagt der Volksmund.

Das Rezept der Marijam haben wir noch, den letzten Satz möchte ich Ihnen nicht vorenthalten:

»Stellen Sie sicher, dass keine Fliegen im Wein sind, sonst könnte er zu Essig werden.«

Einmal morgens und einmal abends rührte meine Frau nun den Wein um. Dazwischen betete sie inständig zu seinem Geist, er möge den rechten Weg ins rechte Fass finden.

Die Bitten wurden erhört.

Nach einigen Tagen stiegen die zerquetschten Trauben an die Oberfläche, nach etwa zwei Wochen sanken sie wieder auf den Fassboden, die persischen Öchsle wurden zu Alkohol, bald schwamm die gärende Masse erneut auf und begann zu moussieren wie die Blase der Witwe Cliquot.

Unterdessen hatte es die Kellermeisterin dem Bierbrauer gleichgetan und viele, viele Flaschen Limonade in den Gully geschüttet.

Verstummte das Blubbern in der Gärkammer, war es Zeit zum Abfüllen der erlesenen gelben Köstlichkeit. Kein Schwefeln, kein Schönen, keine Süßreserve – Ökowein, naturbelassen, garantiert Erzeugerinnenabfüllung.

Das Bukett eines *1997 Domaine Bazar Sari* schwebte in der Küche. Beim Abfüllen, das heißt beim Ansaugen mit dem Schlauch, geriet so mancher Tropfen in den falschen Hals, die Stimmung in der Küche stieg.

Nun durfte der Wein in den Flaschen ruhen und zur Besinnung kommen. Ja, von wegen!

Wir waren eine internationale Kolonie aus aller Damen und Herren Länder und es gab der Durstigen und Weinkundigen nicht nur eine. Kaum dass der Herbst nahte, begann im Kreise der heimatfernen Damen eine Reihe von Veranstaltungen, die sie vornehm *Degustationen* nannten.

Statt dem jungen Wein eine Chance zu geben, erwachsen zu werden, fand am Samstag, als die Dämmerung über das Kaspische Meer sank, unsere Suserprobe statt.

»Schlanker Geschmack mit zartem Schmelz auf der Zunge«, urteilte meine Frau in der blumigen Sprache des Weines.

Am Sonntag luden die Kanadierinnen zu einer Cheese & Wine Party. Der elegante kanadische Tropfen verabschiedete sich charakterstark.

Am Montag stieg bereits die Federweißer-Verkostung. Der war rassig und duftig mit leicht morbidem Körper.

Der schottische Jungwein am Dienstag bestach den Gaumen durch sein schmeichlerisches Aroma, jedoch ließ die Menge sehr zu wünschen übrig.

Am Mittwoch überzeugte bei der Heurigensause

der Österreicherinnen ein wuchtig-trockener Trunk mit reichlich Entwicklungspotenzial.

Am Donnerstag war Sausertest, von dem nur orientalische Schilderungen überliefert sind.

Und wie die Fete am Freitag geheißen hatte, daran konnten sich die Damen tags darauf beim besten Willen nicht mehr erinnern.

Er muss es gewusst haben – der große Ayatollah!

DIE FÜNFUNDZWANZIGSTE STORY

Fröhliche Weihnacht überall

Um ein Haar hätte diese kleine Geschichte ein blutiges Ende genommen, dabei hatte sie ganz friedlich begonnen.

Es weihnachtete sehr und im Wohnzimmer stand bereits der Baum, mangels Tanne wieder eine Kiefer mit langen Nadeln. Oh Kieferbaum, oh Kieferbaum, wie grün sind deine Blätter!

Geschmückt würde der Tannenersatz mit frisch gepflückten Mandarinen und Orangen aus dem Garten – unser viertes Weihnachtsfest im Iran. Zwei Ehefrauen kanadischer Kollegen waren mitten in den Vorbereitungen für Xmas, in diesem Jahr wollten sie die Feier für die kleine ausländische Kolonie ausrichten. Krönung des abendlichen Essens: Truthahn. Mit Reis und Mandeln, mit Datteln und Rosinen gedachten sie den Vogel zu stopfen und die Fülle nach altem Hausrezept abzuschmecken mit eigens hierfür ins Land geschmuggeltem Likör. Ein paar Fläschchen selbst gekelterten Weines hatten sich auch noch gefunden, so stand alles zum Besten.

Wie zum Trost für den fehlenden Tannenbaum hatte es geschneit in der Nacht, ein seltenes Ereignis in den Reisfeldern zwischen Elbursgebirge und Kaspischem Meer, noch hing der Christbaumschmuck in den Bäumen und trug weiße Kapuzen. Unsere Damen aus Montreal warfen sich ihre schwarzen Kapuzen, die Tschadoren, über die Häupter und fuhren in die Stadt Sari zum großen Einkauf. Solange sie auch suchten, alle Metzgereien hatten zwar gefrorene Hühner, aber, »sorry, Madam!«, keinen *turkey* in der Truhe.

Also auf zum städtischen Markt. Truthähne hatten sie dort schon gesehen und gehört, da waren sich die Damen ganz sicher. Zunächst deckten sie sich mit Gemüse und Früchten ein. Auch wenn in den nahen Bergen bereits hoher Schnee liegt, ist es doch noch warm im Süden des Landes, am Persischen Golf, und so ist auch im Dezember noch reichlich Grünes und Obst im Angebot.

Rechts des Markteinganges wurde das Federvieh verkauft. Auf den Transportkörben hockten die Hühner in einer Reihe, die Beine festgezurrt, gackernd und gurrend. Lebend hält sich die Ware länger frisch, braucht nicht gekühlt zu werden und wer weiß schon, wie oft so ein gefrorenes Huhn aufgetaut und eingefroren war. Da lassen sich die Einheimischen das Geflügel lieber auf dem Markt schlachten, rupfen und ausnehmen. Das wahre Alter seines Bratens erfährt der Lebendkäufer zwar auch erst beim Kauen, aber er kennt immerhin Tag und Stunde dessen Ablebens.

Hinter den Hühnern, um die Ecke, wurden tatsächlich ihre großen Vettern und Cousinen, die Truthühner angeboten – lebendfrisch und ungerupft. Umringt von den Hähnen, Hennen, Puten oder Truten aus der Familie des Haustruthuhnes begrüßte der Verkäufer seine Kundinnen mit einem freundlichen »Salam, willkommen, wie geht's!«, auf Farsi freilich, und deutete mit seinem Schlachtermesser auf den Schönsten aller Hähne.

Aug in Aug mit ihrem Weihnachtsessen begannen die zwei Großstädterinnen mit der Musterung der Ware. Der Eimer zum Ausbluten, in den das kopflose Opfer kopfüber gesteckt werden würde, war in Reichweite und bereits halb gefüllt – das entging ihnen nicht. Der Henker schärfte die Klinge – ritsch, ratsch! –, das Schicksal des Pechvogels stand auf des Messers Schneide.

Sei es nun, dass Erinnerungen an eine ferne Kindheit auf dem Lande wach wurden, an den Axt schwingenden Großvater, den blutigen Hackklotz und das flügelschlagend und kopflos über den Hof rennende Hähnchen, dessen Kosename ihnen gerade entfallen war, oder dass zum ersten Male im Leben der Weihnachtsbraten nicht namenlos und federlos und nur notdürftig mit einer Plastikhülle bekleidet aus der Kälte einer Kaufhaustruhe kam, sondern ganz persönlich im schwarzen Federkleid vor ihnen posierte, aus Leibeskräften trutend, und nun aus dem Kreise seiner Familie und dem prallen Leben gerissen und prall gefüllt zur

Befriedigung ihrer fleischlichen Gelüste in den heißen Backofen wandern sollte …

Verstört griffen die Damen nach ihren Taschen und Körben voll Obst und Gemüse und zogen sich vom Schlachtfeld zurück – wortlos!

Wieder zu Hause nahmen sie das entbehrlich gewordene Likörchen zur Brust und besprachen das neue Weihnachtsmenü.

Es wurde ein festliches Essen unterm Apfelsinenbaum. Zunächst genossen wir mit Blätterteig und Weinblättern verhüllte orientalische Köstlichkeiten, sozusagen inkognito, mit namenlosen Pasten gefüllte Paprikaschoten, Zwiebeln, Zucchini und Auberginen. Es folgten weitere anonyme Speisen, deren ebenfalls blökende und mähende, muhende und meckernde, quakende und gackernde Herkunft bei Tisch zu erörtern wenig Pietät und Zartgefühl bewiesen hätte – von solchen quiekender, unreiner Abstammung ganz zu schweigen.

Als Hauptgang gab es gebackenen Fisch – stummen Fisch aus dem Kaspischen Meer.

DIE SECHSUNDZWANZIGSTE STORY

Mit dem Leberkäs über den Khyberpass

In der Nacht des 19. September 1971 wurden vier Jutesäcke voll Wurst aus der Küche des Spinzar Hotels in Kabul, der Hauptstadt Afghanistans, gestohlen.

Ich möchte mich auf diesem Wege bei den unbekannten Tätern bedanken, möge ihnen Allah, der Allverzeihende, ein langes Leben schenken. Denn ihre Tat war eine gute Tat, nur wissen sie es nicht! Und weil sicherlich nur wenigen Menschen jemals Wurst in solchen Mengen geraubt wurde und schon gar nicht in Afghanistan und wenn, dann schon dreimal nicht zu des Königs Zeiten, möchte ich diese Geschichte für die Nachwelt festhalten – ganz fest, auf dass sie nicht auch noch abhandenkommt, wie die Wurst.

Wir, die vier nachmaligen Opfer der Tat, werkelten seinerzeit in einer von einem süddeutschen Unternehmen gelieferten, fast fertiggestellten Papierfabrik im Nachbarland, in West-Pakistan, nahe der großen Stadt

Peschawar. Papier sollte produziert werden aus Bagasse, einem wertvollen Abfallstoff aus der nicht weit entfernten Zuckerfabrik.

Bagasse ist das Zuckerrohr ohne den Zucker.

Peschawar, am Fuße des Khyberpasses gelegen, ist die Hauptstadt der *Northwest Frontier Province*, NWFP, der Heimat der Pathanen mit strengem Ehrenkodex und legendärem Freiheitswillen.

Es hieß seinerzeit, die Zentralregierung in Islamabad regiere in dieser Provinz nur auf der Straße und habe die Gewalt über einen Streifen von 50 Metern rechts und links der Straße – oder waren es 50 Yard?

Tatsächlich aber herrschte bereits auf der Straße ein gewaltiges Chaos. Auf den 50 Was-weiß-ich hatte niemand anderer das Sagen als die Stammesältesten und dahinter erst recht.

So war das, so ist es dem Vernehmen nach auch heute noch, und warum sollte es in 100 Jahren anders sein?

In den Bretterbuden, die den alten Karawanenweg hinauf zum Khyberpass säumten, waren Mauser- und schmucke Maschinenpistölchen zu erwerben, auf steinalten Drehbänken original handkopierte Feuerwaffen jeder Art. Werksverkauf, direkt vom Hersteller, was immer das tapfere Herz begehrte.

Trinkwasser, Kekse und Haschischziegel waren ebenfalls im Angebot, nur Wurst gab es nicht zu kaufen, aber sonst könnte ich Ihnen diese Geschichte auch nicht erzählen.

Ein Pathane ist bewaffnet. Was sage ich? Bewaffneter

Pathane ist ein Pleonasmus. Die Einheimischen trugen ihre Gewehre und Pistolen bei Nacht und am Tag und bei der Arbeit, was zuweilen hinderlich sein konnte. Aber sicher ist sicher und kein Mann ohne Waffe und ohne Waffe kein Mann.

»Zeig mal deine Waffe«, sagte der Friseur, als er mir das Rasiermesser an den Hals setzte.

Ich zog blank: mein Schweizermesser. Großes Hallo! Das Messer erregte höfliche Heiterkeit im Basar. Diese Ausländer! Männer wollen das sein? Und die Mienen bezeugten, dass es die Herren in Paschtu, der Sprache der Pathanen, wohl unverblümter ausgedrückt hatten, für die eindeutigen Handbewegungen brauchte es kein Wörterbuch.

Wir waren Gäste der Zuckerfabrik und ließen uns das einheimische Essen schmecken. Zum Nachtisch gab es Mango, Mango und wieder Mango, die königliche Frucht, die Frucht der Könige. Abends spülten wir am Schwimmbecken den Staub von der Baustelle mit einer Flasche Murreebeer hinunter, starkes Maisbier, geliefert in Jutesäcken aus Ostpakistan, heute Bangladesh.

So hätten alle glücklich und zufrieden in der Ferne schweifen können, hätte sich nicht nach einiger Zeit ein dumpfes Ziehen bemerkbar gemacht, unter dem Zwerchfell, im Bauch, wo nach östlicher Weisheit die Seele sitzt.

Dieses Ziehen dort, wo bei den Schwaben die Kutteln sitzen, ist medizinisch gesehen das *Gemeine Heimweh.*

Nehmen Sie Meyers Lexikon zur Hand, schauen Sie nach:

»Heimweh ist ein durch Distanz von der vertrauten Umgebung bedingtes Mangelgefühl«.

Der Mangel und sein Gefühl lassen sich am wirkungsvollsten mit naturnahen Hausmitteln aus der heimatlichen Landmetzgerei behandeln. In der ambulanten Kofferapotheke fanden sich daher Leberkäse, Schinkenwurst in Büchse und auch Geräuchertes, von zu Hause mit und durch den Zoll gebracht. Gegen das Heimweh im Kopf und dessen Nebenwirkungen lasen die Schwaben die Verpackung der Heilmittel: die *Schwäbische Zeitung* vom Vortag der Abreise.

Aber die Vorräte an Medikamenten waren nicht unerschöpflich und der Bau der Fabrik dauerte länger als geplant. Zuerst hatten die Kapitäne der Schiffe auf günstigen Wind warten müssen, dann lagerten die Maschinen, bis der Beton fest genug war und die Fundamente trugen. Die Monteure stellten die Apparate und Maschinen auf und nun, da sie endlich standen, sollten sie laufen, blieben aber oft stehen.

Die kostbare Zeit verrann und der Schweiß rann von der Stirn und wie's halt so geht, lief eines schönen Tages wieder mal gar nichts. Wir schaffigen Männer konnten einen Ausflug machen. Höchstens zwei Tage, hieß es. Zu den größten Staudämmen der Welt, dem Mangladamm oder dem Tarbeladamm, der den Indus staut, hätten wir fahren können, oder das Swat-Tal hinauf, wie Alexander der Große auf einem seiner Siegeszüge. Auf dem Landweg über den berühmten Khyberpass nach Afghanistan zu fahren, kam leider nicht infrage – die Zeit wäre zu knapp geworden, ein Jammer. Die Vierertruppe, von der ich erzähle, entschied sich für eine Flugreise nach Kabul.

»Und wo Ihr doch schon nach Kabul fliegt, könntet Ihr doch was Rechtes zum Vespern mitbringen!«, baten die am Swimmingpool Zurückbleibenden.

In Kabul gab es seinerzeit alles, was der Mensch so braucht: den besagten König, einen großen Basar, seit 1924 auch ein deutsches Gymnasium und einen deutschen Wurstladen.

Wir sammelten die Wunschlisten ein und flogen von Peschawar nach Kabul, das ist ein Katzensprung, mehr hoch als weit.

Im Jahr 1971 stand König Zahir Schah noch am Ruder und steuerte seinen Wüstenstaat durch die Dünung. Ich meine die Dünen! Im Bett des Kabul Rivers lagerten die Nomaden mit ihren Wüstenschiffen, der Fluss war so trocken wie unsere Kehlen und die Flut der Moderne hatte Afghanistan noch nicht überschwemmt.

Wir quartierten uns im Spinzar Hotel ein, warmes Wasser floss aus der Wand. Wir waren behaglicher untergebracht als unsere ausgestiegenen Landsleute, denen wir auf Schritt und Tritt begegneten.

In den Siebzigern des vergangenen Jahrhunderts –

was waren wir jung, gell! – machten sich Glück suchende Wanderer auf den Hippie-Trail: Über den Bosporus, von Europa nach Asien, nach Ankara und Teheran zur heiligen Stadt Mashad im Osten des Iran, über Herat bis nach Kabul. Hier rasteten sie auf ihrem weiten Weg nach Kathmandu, ins vormalig portugiesische Goa oder in die Erleuchtung, und kifften das Kraut der Armen.

Was ein Aussteiger ist? Sie kennen nur Einsteiger, Aufsteiger und Absteiger?

Wieder hilft uns Meyers Lexikon. Also: Aussteiger sind Personen,

> *»die sich zu einer von den allg. Normen und Verhaltenserwartungen grundsätzlich abweichenden Lebensweise entschlossen haben«.*

Vor dem Aussteigen stiegen die Personen allerdings erst einmal ein, in den legendären Volkswagenbus. Manche waren Jahre unterwegs, wurden überfallen, krank und nicht alle kehrten zurück. Ihre Spuren verwehte der Wind.

Ein wenig hatte ich die Aussteiger schon immer beneidet, ich wäre auch gerne einmal von den allgemeinen Normen abgewichen, bin aber dann doch bei den allgemeinen Industrienormen geblieben – meine Frau hat das seinerzeit völlig richtig entschieden.

Im Basar tauschten wir beim Geldwechsler und mit den vielen schönen Afghani kaufte ich mir nach langem

Feilschen und viel Tschai einen Vorderlader mit Feuersteinschloss – »very, very old piece, Mister« –, eine Kreuzung aus Gewehr und Posaune mit kunstvollen Intarsien. Heute hängt die Gewehrtrompete an der Wohnzimmerwand und zeugt von meinen Heldentaten im wilden Karakorum.

Die Ausfuhr von Antiquitäten war strikt geregelt, eine echte Rarität außer Landes zu schmuggeln wurde streng geahndet. Also auf ins Kabul-Museum für die Exporterlaubnis.

Hinter einem Tischchen saß ein würdiger Herr mit Bart und begutachtete die Preziosen, die ihm vorgelegt wurden. Allen in der Schlange Wartenden war sicherlich bewusst, dass eine Freigabe bedeutete, dass ihre im Basar ausgegrabenen Funde wohl kaum aus dem Privatbesitz – sagen wir mal – Alexanders des Großen stammen konnten. Was meinen Schießprügel anging, so hatte ja auch Alexanders Widersacher, Dareios der Dritte, das Pulver noch nicht erfunden. Das Prachtstück musste also wohl ebenfalls etwas jüngeren Datums sein.

Ja, genau, Dareios III., das war der mit der Keilerei am Golf von Issos!

Ich war nun an der Reihe und zeigte die perlmuttbesetzte Schusswaffe, eine Streupistole, wie sich später herausstellte. Der Kustos des ehrwürdigen Museums warf einen Blick auf die Kostbarkeit, klebte wortlos einen Papierstreifen um den Lauf, stempelte das Papier und ich hätte nun eigentlich gehen können – die mit ihren Altertümern Beladenen hinter mir drängelten. Aber ich konnte nicht widerstehen, den freundlichen Herrn zu fragen: »Sir, please, wie alt ist das Stück? – Very old, Sir?«

»Yes, very, very«, sagte er. «Somewhere between a week and a year.«

Muss ich Ihnen das auch noch übersetzen?

Aber Sie haben sicher schon mal von einer Berührungsreliquie gehört? Nein? Also hören Sie: Eine Berührungsreliquie ist eine Reliquie, die durch Berührung mit einer echten Reliquie zu einer ganz echten Reliquie geworden ist. Und die heißt dann Brandeum, das müssen Sie mir jetzt echt glauben, oder Sie fragen Ihren Pfarrer.

Sehen Sie, und die Streupistole, die lag neben einer uralten Vorfahrin, einer Arkebuse aus dem 15. Jahrhundert, in einer Truhe auf Tuchfühlung *for a very, very long time* – so zwischen einer Woche und einem Jahr!

Ja, genau so war es, da bin ich mir ganz sicher!

Wegen der Berührungsreliquie hätten wir nun beinahe den Großeinkauf im deutschen Wurstladen verpasst. Vier Jutebeutel voll Hartwurst, Kochwurst, Mettwurst, Leberkäs und ganz allgemeine Wurst, wir hatten zu schleppen.

Warm war es in Kabul und so verteilten die hilfsbereiten Leute in der Küche des Spinzar Hotels die Wurst in die Kühlschränke und wir stürzten uns wieder in das Gewühl des Basars und wühlten in seinen Schätzen, tranken viel Tee, griffen unter die Teppiche, zählten die Knoten und danach das restliche Geld.

Am Morgen des nächsten Tages stiegen wir von den Zimmern hinab zu den kalten Würsten. Es eilte! Das Flugzeug wartete, was heißen soll, es wartete nicht.

Die Frühschicht in der Küche wusste nichts von Säcken voll deutscher Wurst. In einer solchen Häufung, wie von uns beschrieben, sei ihnen Wurst selbst hier in der Küche noch nie untergekommen. Östlich von Suez habe es in der Neueren und Neuesten Geschichte überhaupt noch nie einen solchen Berg Wurst gegeben.

Ob deutsche Wurst nicht auch irgendwelche Schweinereien enthielte? Igittigitt! Von der Sau!

Der Lärm hatte den Küchenchef geweckt und aufgeschreckt. Er verstand sofort, dass es um die Wurst ging. Etwas Bindfaden und Haut tauchten auf, aber selbst nach intensiver Suche in Küche und Keller: die Wurst war wie vom Erdboden verschluckt.

Der Chef war *very sorry*. Er fürchtete, mehr als die nackte Haut würden wir wohl auch in tausend weiteren Nächten nicht mehr retten können. Sicher sei Ali Baba hier im Spiel gewesen und bei diesen Massen an Wurst hätten wohl an die 40 Räuber zu schleppen gehabt. Angesichts einer zehnfachen Übermacht bekamen wir es mit der Angst zu tun und traten den Rückzug an.

Ein orientalisches Sprichwort sagt: *Das Beste, das man von Reisen nach Hause bringt, ist die heile Haut.* Aber nur mit unserer heilen Haut alleine hätten wir uns auf der Baustelle nicht blicken lassen dürfen.

Das Flugzeug war längst über alle Berge des Hindukusch

entflogen und wann die nächste Maschine gegangen, wenn sie denn geflogen wäre, stand in den Sternen. Alles liegt in Gottes Hand – übermorgen vielleicht, inschallah – aber da hätten wir längst zurück sein müssen. Die Arbeit wartete.

Sie musste sich halt noch etwas gedulden, die Arbeit. Wir gingen zum deutschen Wurstladen, der Manager freute sich, die neuen Stammkunden begrüßen zu dürfen.

Dann mieteten wir uns ein Taxi, verließen Kabul mit unseren frischen Würsten und alten Waffen, brausten über die auf der Fernstraße ausgelegten Teppiche und halfen so beim Antikisieren der zusehends alternden und kostbar werdenden Afghanen. Wir fuhren über Stunden und die flimmernde Hochebene zum Pass der Pässe, zum Khyberpass, dem Tor zum indischen Subkontinent.

Durch dieses Nadelöhr in 1072 Metern über dem Meer zwängt sich seit Urzeiten die Weltgeschichte und auch wir reihten uns vor dem Zollhaus ein. Ganz weit vorne in der Schlange, mehr als 3000 Jahre vor uns, überquerten die Indo-Iraner den Pass, davor quengelte noch ein Nachzügler vor der Passkontrolle. Im Jahr 327 fielen die Heerscharen des Alexanders ein, im 12. Jahrhundert nach der Wende eroberten die Rechtgläubigen mit dem Schwert das Land, ein paar Jährchen später stellte sich Dschingis Khan, auch genannt *die Sengende Sonne Satans*, geduldig in die Reihe. Im 14. Jahrhundert hatte der Mongolenführer Tamerlan einen Einfall, machte alles dem Erdboden gleich und verwüstete sogar die Wüste. 1842 endlich wurde hier das von Kabul abziehende britische Heer von den Afghanen verheerend geschlagen.

Immer wenn die Weltgeschichte eine Vesperpause einlegte, durften die Namenlosen und die Geschichtslosen zu Fuß, zu Pferde, im Taxi und auf Eseln in den Spuren der Mächtigen – hopp, hopp – den Khyberpass überqueren. Wie wir mit der Wurst!

Diese, angesichts der beklagenswerten jüngsten Geschichte Afghanistans wohl einmalige Reise, hatten wir den 40 Räubern zu verdanken.

Und so bitte ich abermals Allah, den Allbarmherzigen, Er möge ihnen reine und lange Würste bescheren und ein noch längeres Leben!

DREIZEHN STAMMTISCHSTORIES

»Zum Hasenheim«

Jeden Donnerstag um fünf treffen wir uns in der Wirtschaft *Zum Hasenheim* an der Kiesgrube, weil es dort einen rechten Wurstsalat gibt und genug Parkplätze. Für den Austausch tiefschürfender Gedanken weiß ich keinen besseren Ort als meinen Stammtisch.

Den Kameraden erkläre ich hin und wieder die Welt. Die Leute mögen es, wenn einer so gebildet ist.

DIE AUTOSCHLANGE

Wisst Ihr, was eine persische Autoschlange ist? Natürlich nicht! Also:

Auf dem Parkplatz vor dem Restaurant ist eine Mordsaufregung. Ich komme gerade vom Frühstück. Der John kniet vor seinem Wagen und guckt von unten in den Motorraum. John, das ist unser Elektroingenieur aus Liverpool. Er erklärt, er müsse dringend nach Teheran, um Sicherungen zu kaufen, die letzte hätt' es grad verblasen. Doch wie er über den Parkplatz läuft, sieht er, wie sich vor ihm eine Schlange schlängelt.

»Einen halben Meter lang«, sagt er. »Ach was, über einen Meter und fingerdünn.« Die sei grad eben unter sein Auto geschlängelt, dort habe sie sich aufgerichtet wie eine Klapperschlange beim Flötenblasen und sei nach oben in den Motorblock verschwunden.

»Kobra«, sage ich, »wie eine Kobra!«

Auf der Wiese nebenan beschneidet ein Gärtner einen Buchsbaum. Es wird wohl ein Huhn, ein grünes, den Kopf hat er schon ganz gut hingekriegt. Ein zweiter Gärtner formt den Höcker für ein Kamel, oder was weiß ich. Der Park ist der reinste Zoo, er steht voller Buchsbaumtiere.

Der Hühnergärtner kommt herüber, er kennt sich aus mit Schlangen, sagt er.

Der John und ich sprechen wenig Farsi, wir beschreiben ihm die Schlange. Wenn man eine Sprache nicht spricht, nimmt man halt Händ und Füß, das ist so gut wie vier Sprachen. Wir haben im Ausland viel herumgefuchtelt. So hat man auch nie Streit, zumindest merkt man es nicht sofort.

Der Gärtner hat die Schlange selbst gesehen und winkt ab – sie sei völlig harmlos. Er zieht den Gartenschlauch heran und spritzt von unten in den Motor. Da streckt die Schlange ihren Kopf heraus, baumelt nach unten, hin und her, dann verschwindet sie wieder.

Tatsächlich: so dünn, sag ich Euch.

Der andere Gärtner und drei Kellner aus dem Restaurant gesellen sich zu uns. Endlich ist mal was los. Die Kellner können a bizzele Englisch, John erklärt ihnen, dass sich eine Schlange im Motorraum verkrochen hat. Mit ausgebreiteten Armen zeigt er die Länge, mit Daumen und Zeigefinger die Dicke. Der John ist ein Angler wie ich, und auf uns ist diesbezüglich Verlass.

Die Kellner rufen »Oh! – Oh! – Oh!« auf Farsi, fingerdünne Schlangen seien immer tödlich.

Der Koch muss die Szene durchs Fenster beobachtet haben. Er bringt ein Kakerlakenspray und sprüht von unten in den Motor. Eine Schlange ist aber keine Kakerlake.

Inzwischen sind auch der Restaurantmanager mit ein paar Gästen und zwei Putzfrauen dazugestoßen – ein Geschnatter wie auf einem Ententeich.

Mahmoud, einer unserer Fahrer, stammt vom Bauernhof wie wohl die meisten der Zuschauer – drum kenne er sich aus, sagt er auf Englisch. Was das Getue solle, fingerdünne lange Schlangen seien völlig ungefährlich.

Solche Wasserschlangen gebe es zu Millionen in den gefluteten Reisfeldern. »Millionen, die fressen nur Schnecken und Frösche.«

Die Kellner übersetzen das dem Kamel-Gärtner, der wird richtig laut und schreit den Mahmoud an, der Kollege lacht sich kaputt.

Mahmoud sagt: »John, don't you worry!« Das sei eine *watersnake*, man müsse nur in die Autowaschanlage fahren und das Tier herausspülen.

Dann solle er mal bitte schleunigst zur Waschanlage fahren, sagt der John, aber dem Mahmoud fällt ein, dass er dringend unterwegs ist.

»Einen alten Mann vergackeiern!«, sagt der John.

Was vergackeiern auf Englisch heißt? Das ist doch jetzt Wurst, lasst mich weiter erzählen.

Der John öffnet die Motorhaube, aber es ist nichts zu sehen.

Der Fritz fährt auf den Parkplatz. »Klar, das ist eine Autoschlange«, sagt er und hat einen Riesenspaß an seinem Witz. »John, listen, it's clear, that's a carsnake!«, übersetzt er, aber im Englischen ist der ganze Witz zum Teufel. Wie er merkt, dass außer ihm keiner lacht, erklärt der Fritz dem Gärtner den Witz, die Kellner helfen bei der Übersetzung, aber bei der Übersetzung vom Deutschen ins Englische war der Witz schon weg, was soll da noch in Farsi übrig bleiben?

Ein Witz, den man erklären muss, ist kein Witz.

Der Gärtner versteht endlich, dass es ein Witz ist, und lacht schallend – die Perser sind halt höfliche Leute.

»Vielleicht brauchen wir eine Flöte«, lenkt der Fritz ein.

Der John wird langsam böse, wir sind nicht in Indien, das ist keine Kobra und auch keine Klapperschlange.

»Jetzt schon«, sagt der Fritz, »in deiner Klapperkiste.«

Rattlesnakes heißen die Viecher, das könnte nun ein Witz sein. Aber dem John ist nicht zum Lachen.

»Stellt Euch doch mal vor«, sagt er, »ich fahre über die Berge, die Serpentinen hinauf, neben der Fahrbahn geht's 100 Meter senkrecht hinunter in die Schlucht, ohne Leitplanke, und da kommt die Schlange aus der Lüftungsöffnung direkt auf mich zu, in Augenhöhe.« Der John macht eine Handbewegung mit gespreiztem Mittel- und Zeigefinger. »Aug in Aug, Giftzahn um Giftzahn, eine falsche Bewegung … Wisst Ihr was? Ich hab Familie, mit der Karre fahre ich nicht. Und jetzt muss ich los«, sagt er und nimmt dem Fritz die Autoschlüssel aus der Hand.

Beim Einsteigen brüllt er noch auf Deutsch herüber: »Fritz, Aaachtung! Rührt Euch!« und »Jawoll!«

Die Engländer können es nicht lassen.

DIE BRÜCKE VON VERESK

Von Teheran führt eine abenteuerliche Eisenbahnstrecke über das Elbursgebirge ans Kaspische Meer. Auch wenn Teheran bereits auf über 1500 Meter liegt, zunächst geht es bergauf über Firuz Kuh – Kuh heißt Berg – bis auf knapp 2000 Meter. Links kann man den schneebedeckten Damavand sehen, einen Vulkankegel, 5600 Meter hoch, und dann fährt der Zug stundenlang bergab, bis unter Null.

Das Kaspische Meer liegt unter den Weltmeeren, aber der Spiegel steigt von Jahr zu Jahr an. Es gibt wilde Theorien, warum! Schon werden die ersten Strandhäuser unterspült und fallen ins Wasser, aber das will ich ja gar nicht erzählen.

Die Bahn ist unter Reza Schah Pahlavi, das war der Vater des letzten Schahs Mohammed Reza, in den Dreißiger Jahren erbaut worden. Ich glaube, die Deutschen haben seinerzeit mitgeholfen. Die Bahnstrecke führt durch unzählige Tunnel und dreifache Bergschleifen – der Zug verschwindet dabei dreimal im Berg. Stellt Euch einen Korkenzieher vor! Also, da fahren untereinander zwei Züge in die entgegengesetzte Richtung und gleichzeitig in die gleiche Richtung. Ihr werdet Euch doch einen Korkenzieher vorstellen können!? Gut, wenn Euch das nicht interessiert …

An einem Feiertag machten wir, eine Handvoll Kanadier und Deutsche, einen Ausflug. Jemand fuhr uns mit dem Bus die Berge hinauf bis nach Veresk. Dort stiegen wir in die Bahn. Vorher haben wir noch die Eisenbahnbrücke fotografiert, weil es streng verboten ist.

Das Viadukt überspannt eine Schlucht, wie das Viadukte so an sich haben – von der Sorte wird es in der Schweiz Hunderte geben, schon der Glacier Express von Zermatt nach St. Moritz hat 291 –, aber diese hier ist geheim! Was militärisch ist, oder dem Ansehen des Landes schadet – man hat die Wahl –, darf nicht fotografiert werden.

Die Zugfahrt war grandios, oben lagen noch Schneereste am Bahndamm, dann wurden die Bäume grün, dann ging's durch grasgrüne Reisfelder und in der Ebene blühten schon die Mandeln. Unterwegs bestellten wir Essen, es gab Hühnchen mit Tomatenreis, dazu klebriges Pars Cola, der Schaffner servierte am Platz, in Plastikschalen mit Plastikgabeln und -löffeln.

Das Huhn war gut.

Nach dem Essen machte der Schaffner die Runde im Waggon, sammelte die leeren Tabletts und das Besteck wieder ein, legte die Tabletts sorgfältig ineinander, darauf getrennt voneinander Löffel und Gabeln. Dann öffnete er ein Fenster und warf den ganzen Stapel hinaus.

JÜNGERE GESCHICHTE

Hab ich Euch schon mal erzählt, was mir im Iran mehrfach passiert ist, wenn ich Leute kennengelernt habe?

Die meisten können ja ein wenig Englisch und das probieren sie an den Ausländern aus.

Also der Iraner fragt: »What's your name?«

»My name is Rudolf!"

«Rodolf, ah, like Rodolf Hitler – very good man!"

Was immer du darauf sagst, es wird nicht verstanden.

Noch ein Gespräch: «Where do you come from?"

«I am from Germany!"

«Ah, Germany very good country: Steffi Graf, Klinsmann, Hitler!"

Ich habe immer zurückgefragt: »Who is Klinsmann?«

Aber das haben die Iraner gar nicht verstanden, dass einer den Klinsmann nicht kennt! Wo doch im iranischen Fernsehen sogar Bundesligaspiele übertragen werden.

Wisst Ihr noch? Die Kätter – die Caterina Valente?! Was waren wir jung, gell! Habt Ihr schon was zu Essen bestellt, nein? Dann passt das ja grad! Habt Ihr schon mal eine orientalische Kakerlake gesehen? Lasst mich mal erzählen. Überall, wo es warm ist, trifft man auf die Viecher – das heißt, eigentlich sind sie ganz schwer zu treffen, wartet ab.

In unserem Haus in Bagdad wimmelte es nur so von Kakerlaken, aber halt nur bei Nacht. Bei Tag sieht man sie nur, wenn sie tot sind und nicht nächstens in ihren Verstecken gestorben sind. Die sterben aber höchstens an Altersschwäche, sind nicht totzukriegen. Übrigens, wenn irgendwo eine tote Kakerlake herumliegt, zum Beispiel unter dem Bett, dann sieht man das sofort an der Ameisenprozession, oder sind das Termiten? Wie ein Leichenzug marschieren Abertausende zu dem Vieh, zerlegen es und schleppen die Einzelteile in irgendein winziges Loch in der Wand – seht Ihr, so waren wir nie allein. Wer gute Nerven hat, wartet, bis die Ameisen ihre Arbeit getan haben, dann ist der Boden blitzblank.

Bei Nacht kannst du die Kakerlaken in freier Wildbahn beobachten, machst du das Licht an – husch – rennen sie nach allen Seiten weg, völlig lautlos – gespenstisch. Ein ekelhaftes Volk, obwohl, sie tun einem ja nichts, sie beißen nicht, sie stechen nicht.

Die Nathalie ist im Dunkeln auf eine drauf getreten, den Schrei habe ich noch heute in den Ohren. Mir ist im Bett mal eine übers Gesicht gelaufen! Ein anderes Mal wache ich aus dem Mittagsschlaf auf, ich denke, neben mir startet ein Spatz von der Bettlade, wegen des Flügelschlages, aber das war eine Kakerlake, die sich nicht an die Tag-Nachtregel gehalten hat. Weit flog sie nicht, später habe ich rausgefunden, dass die Männchen fliegen können, wenn auch nur so im Sturzflug.

Die Kakerlaken sind nicht umzubringen, selbst mit stärkstem Gift nicht. Wir haben Baygon um alle Gullys herumgestreut, regelrecht Dämme aufgeschüttet, es hat alles nichts geholfen, vielleicht haben sie im Verborgenen das Zeitliche gesegnet, aber ihre Nachkommen werden wohl über ihre Leichen hinweggestiegen sein.

Du stehst unter der Dusche und 100 Liter heißes Seifenwasser laufen an dir herunter, also, die müssten nun im Ablauf längst erstickt und ersoffen sein, aber nein! Durch eines der Löcher im Ablauf, dreimal kleiner als ihr Körper, kriecht eine heraus und schaut dich von unten an. Aus einer losen Steckdose habe ich mal eine schlüpfen sehen und aus der Aufhängung einer Deckenlampe. Die wäre wohl in die Suppe gefallen. Oder auf den Boden! Wenn sie auf dem Rücken landen, dann strampeln sie wie die alten Rittersleut, nachdem sie in voller Rüstung vom Pferd gefallen sind.

Alles Fegen und Wischen half keinen Deut. Die einzige Methode war Totschlagen. Aber die Kakerlaken sind unglaublich schnell. Läuft dir eine über den Weg, sofort einen Schlappen ausziehen – dazu sind die Schlappen hauptsächlich da – und dann immer feste druff. Es kam vor, dass eine Totgeglaubte nach fünf Minuten wieder aufstand und weglief.

Die weiße Masse, die beim Draufschlagen aus dem Körper quillt, ist bestes Eiweiß. Ich habe mal versucht, damit Katzen zu füttern, nur so als Versuch, aber selbst die halb verhungerten Bagdader Katzen zogen angewidert ab. Das will was heißen, denn die Katzen fraßen alles, die kämpften sogar um die Reste von unseren Kässpätzle.

In Thailand und drum herum kann man Kakerlaken geröstet kaufen, in Tütchen aus Zeitungspapier, wie Pommes. Den besiegten Feind aufzuessen, ist eine alte kultische Handlung.

Tut mir den Gefallen, wenn Ihr mal in die Weltgegend kommt: Nehmt Rache in meinem Namen, esst eine Tüte voll, meinetwegen zwei, koste es was es wolle, auf einen Bath mehr soll es mir nicht ankommen.

Was essen wir denn heute?

DIE VERGRABENEN BIERBÜCHSEN

Im Iran wechselten wir mehrfach die Wohnung, ein Jahr lang mieteten wir sogar ein Haus in einem Dorf nahe der Papierfabrik. Es lag auf einer Erhebung. Wir genossen den weiten Blick über das Tal und den breiten, seichten Fluss, der weiter oberhalb Wasser für die Fabrik lieferte und über zahllose Kanäle die Reisfelder bewässerte. Wir nannten ihn den Gelben Fluss. Sein Wasser war schon gelb, als noch kein Abwasser aus der Papierfabrik lief.

Abends zirpten die Grillen und die Frösche quakten in den gefluteten Reisfeldern. In den Pflanzbecken wächst nicht nur Reis, dort gedeihen auch Myriaden von Wasserschlangen und Fröschen und Kröten. Saßen wir auf der Terrasse, verstanden wir unser eigenes Wort nicht.

Das Haus stand in einem Orangen- und Mandarinengarten, wir ernteten auch Kiwis und Kumquats, es war eine rechte Idylle. Unsere Vermieterin war die Witwe Pari. Wir hatten nicht enden wollenden Ärger mit ihr. Als wir einzogen, mochte sie nicht ausziehen, nur die Miete wollte sie einziehen. Zu guter Letzt hauste sie in einem Verschlag hinter dem Haus.

Seinerzeit hatten wir noch nicht mit dem Bierbrauen und Weinkeltern begonnen, und weil wir unsere Gäste standesgemäß bewirten wollten, beschafften wir uns hin und wieder Büchsenbier auf dem schwarzen Markt in

Teheran. War die Party vorüber, mussten wir viele viele leere Büchsen entsorgen, vor allem, wenn unsere finnischen Freunde mit von der Partie waren. Zwar gab es im Dorf so etwas wie eine Müllabfuhr, aber dabei handelte es sich um einen offenen Karren. Alle im Sprengel hätten die Büchsen gesehen, nichts wäre geheim geblieben: Aha, die Ungläubigen saufen wieder, aber die kommen ja eh in die Hölle.

Wohin also mit den Büchsen?

Zuerst muss so eine leere Bierbüchse auf ihr Mindestvolumen reduziert werden. Dazu stellt man sie auf den Steinboden und tritt mit dem Schuhabsatz mit voller Wucht drauf. Das geht zunächst schief, weil der Ungeübte schief drauf tritt, dann knallt die Büchse an die nächste Wand und ist nur krumm, statt flach. Das Bierbüchsenflachtreten gehört zu den nützlichen Fähigkeiten, die man sich aneignet, wenn man im trockenen Ausland lebt.

Die abgeflachten Büchsen habe ich dann im Garten zwischen den Orangenbäumen vergraben, nach jeder Sause an einem anderen Platz, wir hatten mehr als Hundert Bäume.

Ihr wisst, ich interessiere mich für Geschichte, ich habe nachgelesen: Vor 2334 Jahren muss Alexander der Große durch dieses Tal gezogen sein, bei der Verfolgung Darius' des Dritten. Ich sehe den Alexander vor mir, inmitten seiner Reiterei, der Elefanten und Bogenschützen, immer auf der Suche nach dem Gordischen

Knoten. Dahinter das Fußvolk, Marketenderinnen, Dirnen, Musikantinnen, Köche und was weiß ich.

Und dann sehe ich, wie eines Tages Archäologen auf den Spuren Alexanders im Garten der Witwe Pari graben und … Hoppla, was haben wir denn da? … Hoppla, da sind ja noch so seltsame Metallscheiben … (zwei Meter weiter) … noch welche …

Was gibt's denn heute Besonderes? Forelle!

Zu Fisch fällt mir noch eine Geschichte aus dem Garten der Witwe Pari ein.

Zwischen den Mandarinen- und Orangenbäumen hatte sie lange vor der Revolution ein Schwimmbecken bauen lassen.

Meine Frau im Bikini? Ja, kannsch denke, ja von wegen! Und die Dorfjugend auf den Orangenbäumen? Wenn die Claudia im Bikini ins Wasser gestiegen wäre, die Mullahs hätten sie ausgepeitscht und des Landes verwiesen. Wir hatten zwar einen Schilfzaun um das Gelände, aber der war sicher nicht dicht. Baden im Badeanzug in der Öffentlichkeit, seit der Revolution undenkbar. Im Tschador wär's allerdings schon erlaubt gewesen!

Nicht weit von uns gab es am Kaspischen Meer zwei öffentliche Badestrände. Zwischen dem Männer- und dem Frauenstrand waren riesige Tücher aufgespannt. Hundert Meter vom Strand fuhren die Revolutionswächter mit Schnellbooten auf und ab, auf der anderen Seite die Wächterinnen, mit Knüppeln bewaffnet, strenge Sitten, kann ich Euch sagen!

Zurück zum Pool. In der grünen Brühe schwammen unzählige Goldfische, dick wie Sylvesterkarpfen, auch kleine.

Passt auf! Die Iraner beschenken sich am iranischen Neujahr mit Goldfischen. Das Fest heißt Nowruz, ist um den 20. März herum, glaube ich. Jeder Iraner bringt jedem Iraner einen Goldfisch in einer wassergefüllten Plastiktüte oder einem Einmachglas mit. Oder vielleicht auch nur jeder Familie! Die Familien sind groß, an Nowruz ist der ganze Iran unterwegs.

Das Land hat 70 Millionen Einwohner, stellt Euch mal vor, wenn nur, sage ich mal, zehn Millionen Iraner zehn Millionen Iranern einen Fisch schenken! Das ist eine Menge Fisch!

Was machen die damit nach Neujahr? Vermutlich schmeißen sie die Goldfische, wenn sie Glück haben, in den nächsten Bach, oder sie haben, wie die Witwe Pari, dank der Revolution einen eigenen Goldfischteich. In dem hat es noch Platz für viele Nowruzfeste.

Wie wir mit den Moslems zurechtkamen? Gut! Warum auch nicht!

Die allermeisten unserer Bekannten waren so fanatische Moslems, wie Ihr fanatische Christen seid. Als Anhänger einer Buchreligion – Christen, Juden und Moslems – gehörten wir ja schon irgendwie zum Verein. Aber je nachdem, wer was wann wo sagte oder schrieb, waren wir dann doch wieder Ungläubige, aber auf dem rechten Weg, immerhin.

Der Betriebsmullah der Papierfabrik im Iran hat uns mal aufgeklärt: Der Koran fasst alle Religionen zu einer endgültigen Wahrheit zusammen. Islam bedeutet Frieden, drum sind die Terroristen keine Moslems, das ist sowieso klar. Wer hinter dem Attentat auf das World Trade Center steckte, wusste er, wollte es mir aber nicht sagen.

Über dem Eingang zum Esteghlal Grand Hotel in Teheran, vor der Revolution das Hilton, in dem hauptsächlich Ausländer verkehrten, hing eine großmächtige Tafel, auf der stand der Satz *Islam is the highest level of civilisation.*

Klar, oder? Da weißt du doch gleich, wo du stehst.

Jetzt fangt um Himmels Willen nicht wieder mit dieser Kopftuchdiskussion an!

Mit Baupolieren hatte ich täglich zu tun. Das sind ganz harte Burschen. Wer zehn Stunden am Tag 150 einheimische Bauarbeiter in der Hitze herumkommandieren muss – die Arbeit muss ja vorangehen –, der braucht Nerven wie Armierungseisen. Ich habe viele dieser Burschen auf den Baustellen kennengelernt. Nein, Polier hat nichts mit Polieren zu tun. Das Wort kommt von Parlierer, der Sprecher, der poliert nichts, er sorgt dafür, dass alles glattgeht.

An einem Freitag hörte ich, wie zwei neue Hausnachbarn sich über die Gartenhecke etwas zuriefen, auf Französisch, die Kumpel nebenan sollten wohl nichts mitkriegen. Wir kamen ins Gespräch. Die Neuen stammten aus Degerloch und aus Bietigheim, beides ehemalige Fremdenlegionäre, das waren ganz zähe Kerle, mit solchen Muskelpaketen, die hatten in Nordafrika gekämpft.

Seit unserer Pariser Zeit schwärmten wir für die Piaf und hatten eine Handvoll Kassetten dabei. Wisst Ihr noch? Kassetten! Die verwickelten sich gerne, dann begann die Musik zu zwitschern und man musste das Band vorsichtig mit der Bleistiftspitze aufwickeln.

Jedenfalls spielten wir gerne die Lieder von der Piaf, das hatten die zwei wohl durchs offene Fenster gehört, sie luden sich selber ein, saßen auf dem Sofa und ließen die Piaf rotieren, immer das gleiche Lied: *Non, rien de rien, non, je ne regrette rien … ni le bien, ni le mal, tout ça m'est bien égal …* Das war das Kampflied der Fremdenlegion aus dem Algerienkrieg, die Wüstenkämpfer waren gar nicht mehr ansprechbar. Alle paar Wochen saßen sie auf dem Sofa, sangen *je ne regrette rien* und heulten Rotz und Wasser.

Tut mir leid, ich bin fünf Minuten zu spät. Apropos fünf Minuten, da fällt mir eine typische Anekdote aus dem Irak ein.

Ich sitze in meinem Baubüro und rufe nach dem Fahrer:

»Hamid, please, is my car ready?«

»Five minutes, please.«

Nach 20 Minuten:

»Hamid, where is the car?«

»Five minutes, please.«

Nach einer Stunde kommt endlich der Wagen:

»Hamid, alhamdulillah!«

»I told you, Mister, five minutes!«

AUSLANDSSCHULEN

Habe ich Euch erzählt, wie die Nathalie einige Male eingeschult und umgeschult wurde?

Das hat ihr nicht geschadet, ich glaube, es hat ihr sogar genutzt, und wisst Ihr warum? So eine Auslandsschule ist eine feine Sache – doch!

Zwei Sorten Schule haben wir kennengelernt: Eine Baustellenschule und zwei offizielle Auslandsschulen.

In Basra, da war die Nathalie noch zu klein, da hatte die Firma einen Lehrer eingestellt und der unterrichtete zwei Kinder, acht und sechs Jahre.

Der Lehrer war Opfer des Radikalenerlasses, erinnert Ihr Euch, 1972, der Lehrer war Genosse, ein Kommunist, igittigitt, deshalb wurde er nach dem Studium nicht in den Schuldienst übernommen. Die Firma hat ihn unter Vertrag genommen, viel wird er nicht gekostet haben, und so hat er seine verfassungsfeindlichen Überzeugungen an die Kinder weitergegeben und ihnen Lesen und Schreiben und das Einmaleins beigebracht.

In den Jahren 1980 und 1981 ist die Nathalie ein paar Wochen in die Deutsche Schule in Bagdad gegangen, aber da war Krieg, und wir sind dann in die Emirate. In Abu Dhabi wurde die Nathalie wieder eingeschult, es gab eine vom deutschen Staat anerkannte Auslandsschule samt Kindergarten: 90 Kinder, davon 60 in der Schule, und zwölf Lehrer. Stellt Euch vor, je nach Jahrgang höchstens eine Handvoll Kinder! Nathalie hatte zwei Klassenkameraden, den Marc und die Nicole, da konnte sich keiner hinter dem anderen verstecken.

An der Schule waren Kinder aus Österreich, aus der Schweiz, die Deutschen, klar, und mehrere Kinder aus Ehen von deutschen Frauen mit Arabern, meist Palästinensern.

Vom lokalen Bildungsministerium vorgeschriebene Pflichtfächer waren Arabisch und Arabienkunde, einerseits war das ja selbstverständlich, andererseits erlaubte das Ministerium der Schule im Gegenzug, Buben und Mädchen in einer Klasse zu unterrichten. Das Verbot der Koedukation hätte für die Schule das Aus bedeutet.

Die Schule war sauteuer, aber richtig gut, den meisten Eltern zahlte die Firma die Schulgebühren. Es gab in unserer Zeit keinen Fall, dass ein Kind zu Hause, in Österreich, in der Schweiz oder in einem der damals noch elf Bundesländer, den Anschluss nicht gepackt hätte. Freilich ging das zu Lasten des Lehrstoffes. Manche der Absolventen konnten dafür später sagen: »Die deutschen Mittelgebirge hatten wir nicht – aber ich kann von rechts nach links schreiben!«

Die Schule war das soziale Zentrum für uns Ausländer, wir trafen uns zum Basteln, machten eine Schulzeitung und alle naslang ein Festle. Der Schulleiter und seine Frau kamen aus Nordenham, einmal brachten sie aus den Ferien zwölf Holzschuhpaare mit und stellten ein Ostfriesenballett auf krumme Männerbeine zu der Melodie *An der Nordseeküste, am plattdeutschen Strand, sind die Fische im Wasser und selten an Land.* Und das mitten in der Wüste, ich hab noch das Poltern in den Ohren. Zum Schreien!

Der Lehrkörper als solcher war überwiegend ein weiblicher. Außer dem von der Bundesrepublik entsandten und bezahlten Leiter und seiner Frau waren alle anderen Lehrerinnen Ehefrauen von deutschen oder deutschsprachigen Ingenieuren und Bankern, die in Abu Dhabi arbeiteten.

Es war eine wunderbare Schule, die Kinder gingen mit Begeisterung hin und die Lehrer waren mit Begeisterung dabei. So soll's ja sein!

Ja doch! Hab ich was anderes gesagt? Nun sei doch nicht immer gleich beleidigt.

Ich habe Euch was mitgebracht, etwas aus der Sammlung meiner Frau: in Harz gegossene Insekten aus dem Irak. Hier ein schwarzer Skorpion, das da ist eine Zikade, die in der Dämmerung einen Riesenlärm macht, hier ein Riesenflugkäfer, wir nannten die B-52, das hier ist eine Maulwurfsgrille, hier zwei Kamelspinnen, Mordsviecher, und da noch was ganz Knackiges: ein Tausendfüßler, hat aber nur 40 Beine! Jetzt gebt die doch mal weiter!

Die Claudia war immer auf der Pirsch und hatte auch ihre Hilfstruppe, das waren die Campkinder. Wenn die Kinder beim Spielen ein größeres Insekt aufstöberten, stürmten sie zu unserem Haus und polterten gegen die Tür.

Auf dem Küchenregal stand immer eine Reihe leerer Blechbüchsen, jede mit einem Unterteller. Wenn die Claudia das Kindergeschrei hörte, griff sie sich blitzschnell Büchse und Teller und dann nix wie hinaus und hinter den Kindern her. Falls das Viech, das sie entdeckt hatten, überhaupt noch da war – die Kamelspinnen waren unglaublich schnell –, dann – schwuppdiwupp! – Büchse über das Gezappel und den Teller darunter. Büchse und Teller kamen dann in die Tiefkühltruhe neben das blanchierte Gemüse, auf die Wasserbüffelsteaks oder zwischen die Hühner. Wenn es eng wurde, taute sie die Insekten wieder auf, legte sie in einen Plastikbehälter, je nach Form und Größe des Opfers rund oder länglich, und goss die Schale mit bernsteinfarbenem Kunstharz aus. Da lagen sie dann wie Schneewittchen. Die Claudia hat schmucke Skorpion-Halskettchen oder hier einen Spinnenbriefbeschwerer – ha etz kommet, machet doch koi Gschiss, die sind doch tot.

DESA NIRU-TEBAT AGUNG, SUMATERA SELATAN

Ihr habt mich gefragt, wo es mir am besten gefallen hat: in Desa Niru-Tebat Agung, Sumatera Selatan. Das war unsere Adresse auf Sumatra, Süd-Sumatra, die kann ich heute noch auswendig. Die Post hat uns gefunden, man glaubt es nicht.

Desa Niru ist ein Dorf, was sag ich, das waren fünf Hütten und unser Camp lag in der Nähe der Stadt Prabumulih. Mitten im Dschungel, die Affen rannten über die Baustelle, wir waren dort Ende der Neunziger. Schlangen hat's dort, freilich, wo sonst, wenn nicht dort! Wart ab!

Ganz in der Nähe gab's Ananasplantagen, Ananas! In meiner Erinnerung aßen wir nur Nanas, so heißt die Ananas dort. Die Nanas konnte man nur im Sechserbündel kaufen. Einmal schnitt meine Frau die Schnur durch und da lief eine Spinne durch die Küche, groß wie eine Gartenschaufel, Kamelspinnen waren Wanzen dagegen. Und meine Frau mit dem Besen hinterher!

Ich fühle mich überall daheim, wo's Bier gibt. Ich weiß noch unsere erste Fahrt vom Flughafen Palembang zur Baustelle. Mitten im Urwald am Sumatra Highway zwischen Palembang und Prabumulih hing ein Schild an einer Hütte: *Guinness is good for you*. Da bleiben wir, sagte ich.

Der Sumatra Highway ist übrigens schmaler als die Katzensteig in Wolfegg.

Apropos, wisst Ihr, wo die größte Guinnessbrauerei

der Welt außerhalb Dublins steht? In Kuala Lumpur, bei den Moslems in Malaysia.

Abends saßen wir auf der Terrasse, mit feinstem Fliegengitter verkleidet gegen alles, was so sticht, und tranken eiskaltes dunkles Guinness Bier mit cremigem Schaum.

Warum erzähle ich das alles? Ach so, ja, Schlangen. Wenn's dort keine Schlangen hat, wo dann? Wir hatten eine Nachbarin aus Kanada, die war, sagen wir mal, gut beieinander. Aber Kanada ist ja groß, da ist genug Platz. Die Gute wäre ohne Hilfe von zwei starken Männern keinen Randstein hochgehüpft. Eines Nachmittags kommt sie nach Haus, sie musste wohl die Terrassentür aufgelassen haben. David, ihr Mann, kam ein paar Schritte hinterher. Der David hatte später bei jeder Party Tränen in den Augen vor Lachen.

»Ich höre ein Urwaldgebrüll«, erzählte er, »und als ich um die Ecke renne, steht doch die Rosalie mitten auf dem Terrassentisch, die muss aus dem Stand 80 Zentimeter hoch gesprungen sein. Und unter dem Tisch ringelt sich eine Schlange, zehn Fuß lang und so dick! Die ist an mir vorbei geschossen, zurück in den Busch, sicher wegen des Geschreis.«

»The call of the wild«, sagte der David immer – der Ruf der Wildnis.

AUSLÄNDISCH

Heute will ich Euch vom Schlauch erzählen. Der Traugott Schlauch war Baupolier und kam von der Schwäbischen Alb *raa* in den Irak.

Eines Morgens laufe ich über die Baustelle, komme an einer Baugrube vorbei, da vernehme ich eine Stimme: »Today kommet denn no dia iron nai – tomorrow demmr beddoniera. Aber yellah!«

Das war der Schlauch. Er stand am Grubenrand und tief unten in der biblischen Erde des Irak lauschte ein halbes Dutzend bengalischer Bauarbeiter der Botschaft ihres Herrn.

Wer in der Fremde arbeitet, muss fremde Sprachen sprechen! Zum Beispiel Englisch! Wie der Schlauch aus Tigerfeld und seine Arbeiter aus den Mangrovenwäldern. In Tigerfeld gibt es keine Tiger, dafür in den Sundarbans – das war jetzt a Witzle!

In dem multilingualen Satz *Today kommet denn no dia iron nai – tomorrow demmr beddoniera – aber yellah!* finden wir acht Wörter schwäbischer Provenienz, drei englische und ein arabisches.

Die sechs Bengalen sprachen seinerzeit noch kein Schwäbisch, sie arbeiteten erst seit Kurzem für den Schlauch, aber sie verstanden *today* – heute –, *iron* – Moniereisen – und drittens das Adverbial der Zeit *tomorrow* – morgen! Den Leuten war also klar: Eisen in die Schalung, morgen wird betoniert! Mehr brauchten sie nicht zu wissen!

Yellah ist arabisch und bedeutet etwa *macht mal voran, bewegt Euch*! *Yellah*, sagte der Schlauch aus reiner Gewohnheit; in Arabien hängt jeder Polier hinter jede Anweisung den Zusatz *yellah*, aber das nützt gar nichts. Der Schlauch hätte genau so gut *gell* sagen können. Und das Wort *beddoniera* war ebenfalls entbehrlich – was denn sonst, außer betonieren!

Was ich mit dieser Anekdote sagen will? Von den zwölf Wörtern der Schlauchschen Botschaft waren gerade mal drei zum Verständnis vonnöten – ein Viertel! Der große Rest – nichts als Lärm!

Was schließen wir daraus? Auf drei Viertel aller Worte könnte die Menschheit verzichten und sich in der Stille am Gesang der Vöglein erfreuen!

Oder an meinen Geschichten!

Quellennachweis

aus: *Augen auf und durch*, DIE ZEIT, 1. Juli 2004 32

Bibel, 1. Buch Mose, *Genesis*, Kapitel 8,13 57

frei nach: Bibel, 1. Buch Mose, *Genesis*, Kapitel 3,19 66

Tigris – Auf der Suche nach unserem Ursprung, Thor Heyerdahl, Verlag C. Bertelsmann, München, Seite 64 und 333 69, 72

Irak – Land zwischen Euphrat und Tigris, Alfred Diwersey und Gisela Wand, Verlag Gollenstein, Blieskastel, Seite 51 72

Das größte Insekt ist der Elefant - Professor Gallettis sämtliche Stilblüten, Johann Georg August Galletti, dtv 1965 94

Bibel, *Prophet Jesaja*, Kapitel 5,12 109

Bibel, *Erstes Buch Samuel*, Kapitel 16,16 109

Bibel, *Die Psalmen, 33, 2-3* 115

Stormy Waters, Rod Stewart 128, 136

Artikel im *SonntagsBlick* vom 28. September 1980, Jürg Zbinden 144, 152, 163

Bibel, Johannes, Kapitel 8,7 193

Brennend heißer Wüstensand (Schön war die Zeit), Freddy Quinn 202

Bibel, *Die Psalme*n 37,4 210

Koran, Sure 5, Vers 90 239

Bibel, Epheser, Kapitel 5,18 239

aus: *Meyers Lexikon*, Stichwort »Heimweh« 256

aus: *Meyers Lexikon*, Stichwort »Aussteiger« 258

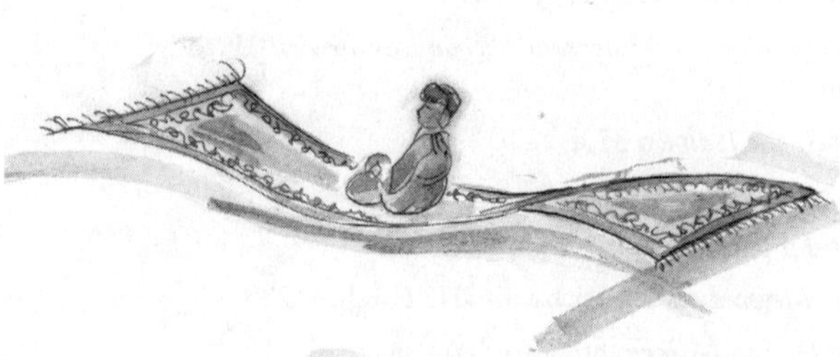

BODO RUDOLF

Geboren 1944, aufgewachsen in Ravensburg, Oberschwaben, lebt heute im Allgäu.

Jahrzehntelang lebte und arbeitete er als Ingenieur im Ausland – in Frankreich, im Irak, Iran und in Syrien, in Abu Dhabi, auf Sumatra und an anderen fernen Orten.

Von dort brachte er viele Erzählungen mit. Veröffentlicht hat er Satiren und heiter-skurrile Geschichten, meist über seine Heimat, die Landschaft und ihre Menschen.

EIN ROMAN IN 16 GESCHICHTEN

Gulas Menü

HENNING SCHÖTTKE

Hamburg 1969, Zeit der Hippies, Charly kocht für Ulrike Himmel und Erde, während die Amerikaner zum ersten Mal den Mond betreten. Neun Monate später wird ein Mädchen geboren. Gula! Charly beeindruckt durch Kochkünste und Sprüche, scheint für ein bürgerliches Leben nicht geeignet. Gula wächst bei Ulrike auf, erst mit Wochenendvater, dann ganz ohne. Sie sehnt sich nach ihm, gleichzeitig hasst sie ihn. Wie Charly kann sie gut kochen, doch mit dem Essen hat sie Probleme. Mal verschlingt sie es, mal bekommt sie keinen Bissen hinunter.

Gulas Menü erzählt die Stationen eines Lebens, begleitet von Rezepten und zeitgeschichtlichen Ereignissen, angerichtet als 5-Gänge-Menü. Essen ist längst nicht nur Nahrungsaufnahme und Genuss. Essen ist Verführung, es ist Junkfood, Festmahl, Exotik, Gefahr und Sehnsucht.

ISBN 978-3-942181-09-9

AUSGEWÄHLTE STORIES – EDITION SELECTION

betörend!

LITERARISCHE DUFTNOTEN

Parfum ist Glamour, Fashion, Kult und Mystik. Geheimnisvolle Erzählungen ranken sich um Duftstoffe, die Parfumherstellung und ihre Protagonisten gleichermaßen. Glanz umhüllt die Welt, in der Düfte präsentiert und getragen werden. Viel Stoff für spannende Geschichten.

betörend! erzählt in 25 Storys von intensiven Kopfnoten, berauschenden Herznoten und schicksalhaften Basisnoten. Reisen Sie nach Paris, aber auch nach Madeira, Gran Canaria, in die USA und sogar nach Russland, Indonesien und nach Japan. Duftreisen sind Kopfreisen, sie wecken Erinnerungen und stimulieren Geist und Seele. Manch nachdenkliche Töne werden angeschlagen und manches Mal gar gemordet.

Vom Sinn für die Schönheit, von sinnlichen Momenten und Sinnverlusten wissen 20 AutorInnen zu berichten. Lassen Sie sich betören!

ISBN 978-3-9811560-9-6

AUSGEWÄHLTE STORIES

Gaumenkitzel

ERLESENE MENÜS AUS DER LITERATENKÜCHE

Die besten Rezepte schreibt das Leben, behaupten unsere Literaten, greifen zum Kochlöffel und schauen ihren Helden in die Töpfe. Fünf fantasievolle 5-Gänge-Menüs berichten von Speisen, die Geschichte(n) schreiben, von leidvollen Gaumenfreunden, genussvollen Überraschungen und köstlichen Verführungen. 25 AutorInnen erzählen erlesene Stories. Der Sternekoch Benedikt Faust liefert die Rezepte dazu.

ISBN 978-3-942181-00-6

Aqua Vitae

EIN LITERARISCHES WHISKY-TASTING

Ein Whisky ist wie seine Heimat: Er schmeckt nach rauer See, blühender Heide, wogenden Getreidefeldern und würzigem Torfmoor. 22 Autoren tauchten ihre Feder in den Whisky und verfassten Geschichten, die mal auf der Zunge zergehen und mal explodieren: mild oder feurig, süß oder würzig, heiter oder sperrig, leicht oder komplex ... und alle mit kreativem Aroma, erlesener Reife und nachhaltigem Abgang.

ISBN 978-3-9811560-8-9

Mit allen Sinnen

EINE LITERARISCHE WEINPROBE

Haben Sie ihn schon gefunden, den Wein Ihres Lebens? Wie muss er schmecken oder was muss er können? Einen Rollstuhlfahrer zum Tanzen bringen, Beweise zur Aufklärung eines Mordes liefern, den Katzenjammer von Nacktenten bekämpfen oder gar einem Vampir Flügel verleihen ... suchen Sie sich Ihren Lieblingswein aus. 31 Geschichten laden Sie ein auf eine abwechslungsreiche Weinprobe.

ISBN 978-3-9811560-7-2

Arabica & Robusta

EINE LITERARISCHE MELANGE

Kaffee ist mehr als ein einfaches Getränk: Am frühen Morgen weckt er die Lebensgeister. Tagsüber verschönt er Pausen mit köstlichen Aromen. Er darf bei keiner Besprechung fehlen und krönt jede Kuchentafel. Kaffee ist Kultur, Kult und Lebensart. Ob aus Brasilien oder Guatemala, Arabica und Robusta begleiten nicht nur bewegende Momente, sondern erzählen auch bewegte Geschichten.

ISBN 978-3-9811560-6-5

AUSGEWÄHLTE STORIES – EDITION SELECTION

Lavendel & Zitronengras

EINE LITERARISCHE PRISE KRÄUTER UND GEWÜRZE

Früher wurden Menschen verfolgt wegen ihres Wissens um die Kraft der Kräuter, während andere durch den Gewürzhandel zu Reichtum gelangten. Heute dürfen diese Pflanzen, Essenzen und Extrakte in keiner Gourmetküche fehlen und auch als Heilmittel wird ihre Wirkung geschätzt. So groß wie diese Spannungsfelder ist die Vielfalt der Geschichten von Alraune bis Zimt. Ob Gourmet, Hexe, Pflanzenfreund oder Duftliebhaber – dieses Geschenkbuch kann verführen.

ISBN 978-3-9811560-4-1

100 % Schokolade

EINE EXQUISITE MISCHUNG FEINSTER GESCHICHTEN

Schokolade ist ständige Versuchung und ihre glücksbringende Eigenschaft erwiesen. Doch das sind längst nicht alle Fähigkeiten, die der süßen Köstlichkeit zugeschrieben werden. In 30 Stories ist Schokolade mal Trostpflaster, mal Liebesbote, beflügelt Fantasie und Schöpfungskraft. Manchmal ist der schokoladige Genuss Auslöser von süßen Erinnerungen oder gar Ursache für Wahnzustände. In seltenen Fällen gibt es Nebenwirkungen, die sich nicht auf der Waage messen lassen.

ISBN 978-3-9811560-2-7